Haïti

Une Transition Bloquée

Haïti
Une Transition Bloquée

MARYSE NOËL ROUMAIN

2007 ET 2013

Translation rights by Maryse Noël Roumain 2013
marouma07@gmail.com

Images on front cover of Haitian Presidents Aristide, Preval and Baby Doc Duvalier were sourced from Wikipedia

This book was printed in the United States of America.

Rev. date: 06/13/2013

To order additional copies of this book, contact:
Xlibris Corporation
1-888-795-4274
www.Xlibris.com
Orders@Xlibris.com
130264

TABLE DES MATIÈRES

NOTES PRÉLIMINAIRES

Après l'élection de René Préval à la présidence d'Haïti pour la deuxième fois, en 2006, mon frère me faisait parvenir un collage de sa création à l'arrière duquel il avait écrit ces mots: « les choses étant ce qu'elles sont, on ne peut pas vouloir qu'elles soient autrement ».

Oui, j'aurais voulu qu'elle soit autre l'histoire de mon pays. En particulier pour ce qu'il s'agit de 1957 à 2007, ce qui ne représente pas moins de cinquante ans d'événements sociaux et politiques. Mais ce fut d'abord la prédominance de l'idéologie de couleur et de la dictature de 1957 à 1986. Puis, à partir de 1990, celle des partisans de la Democratie Participative que représentaient les gouvernements de Jean-Bertrand Aristide et de René Préval. Gérard Latortue, un cadre de l'ONUDI (Organisation des Nations Unies pour le Développement Industriel) à qui l'on confia la direction du pays pendant deux ans, ne put avancer sur le projet d'engager le pays sur le chemin de la démocratie représentative, un système de gouvernement auquel le peuple haïtien aspire depuis le vote massif de la constitution de 1987.

La Démocratie participative, comme son nom l'indique, désigne l'ensemble des modalités qui permettent d'augmenter l'implication des citoyens dans la vie politique. Par rapport à la démocratie représentative et à la démocratie directe, elle se présente comme un système mixte par lequel le peuple délègue son pouvoir à des représentants mais conserve celui de se saisir lui-même de certaines questions.

Cependant, la notion de démocratie participative n'est souvent qu'un simple discours rhétorique, sans réalité concrète. Elle revient dans ce cas à mettre l'accent sur le rôle des associations de base (organisations dites populaires, comités de quartier) qui jouent un rôle central en tant qu'interlocuteur pour les autorités publiques.

(Source : Internet)

Quelle est la raison de notre blocage, de notre difficulté à réussir la transition vers la démocratie moderne? Des intellectuels militants ont fait des études sur cette question et lui ont consacré des ouvrages importants. Je pense à Laënnec Hurbon (Comprendre Haïti) et à Sauveur Pierre-Etienne (L'Enigme Haïtienne), par exemple, ont analysé en profondeur la nature de cet Etat haïtien qui reste opaque à tant de gens.

Ma démarche n'a pas la même prétention de rigueur analytique que la leur. Il s'agit plutôt ici d'un rappel des événements politiques des cinquante dernières années en vue d'inciter à une réflexion sur les difficultés de notre transition et aux moyens d'y remédier. Rappelons entre parenthèses qu'un des fondateurs de la Patrie – Alexandre Pétion – avait opté déjà en 1816 pour un régime démocratique en créant le Sénat de la République devant lui choisir un successeur. Mais que par la suite il recula quand le Sénat s'érigea en une instance qui voulait imposer des dictats à l'Exécutif.

Nos luttes pour la démocratie ne datent pas d'aujourd'hui. Cependant, à l'heure actuelle encore, nous n'arrivons ni à choisir nos gouvernants par des élections honnêtes et transparentes, ni à les renouveler selon des procédures démocratiques, ou à faire fonctionner les trois branches du gouvernement de manière complémentaire et non-conflictuelle.

Ce livre est une contribution modeste à la compréhension de la transition qui dure depuis le départ de Jean-Claude Duvalier en 1986, cela fait vingt-six ans.

Il nous reste à choisir la voie de la Constitution votée en Mars 1987; c'est-à-dire, à procéder au renforcement des institutions devant assurer l'instauration et le maintien de la démocratie chez nous; à nous atteler à l'immense tâche de former des Partis politiques viables, à réaliser des élections crédibles conduites par un Conseil Electoral de manière indépendante, à prendre des mesures pour assurer une alternance selon les normes de la démocratie; à renforcer les trois branches de pouvoir: l'Exécutif, le Législatif et le Judiciaire.

Les obstacles que constituent notre pauvreté (le pays le plus pauvre de l'hémisphère) et le taux élevé d'analphabétisme chez nous (souvent revu à la hausse et sans tenir compte de la fuite de nos cerveaux et de notre classe moyenne) sont invoqués par certains pour expliquer notre difficulté, notre impossibilité jusqu'à date, à nous démocratiser comme les autres pays de l'Amérique Latine et de la Caraïbe.

Qui osera considérer les responsabilités de nos élites politiques, militaires et intellectuelles; celles de ceux qui manipulent les rênes de notre économie, qui s'enrichissent aux dépens de ceux qui s'appauvrissent? Qui osera blâmer ceux qui sont censés nous « assister »?

Le survol de ces cinquante années permettra, je l'espère, de dégager des pistes de recherche, d'établir la vérité des faits, des pratiques et des intentions.

CHAPITRE 1

La Dominance de l'Idéologie de Couleur
(1957-1971)

Le 22 Septembre 1957, François Duvalier, fondateur, avec d'autres idéologues noiristes, dans les années quarante, de la revue Les Griots devient président d'Haïti. Leur plan: la « fusion » de gré ou de force des deux ethnies, noire et mulâtre, de la société haïtienne en vue de sa soi-disant « stabilisation ».

La « théorie des deux élites » se formulait comme suit:

« Puisque tout notre effort de l'indépendance à ce jour a consisté dans le refoulement systématique de nos hérédités africaines tant dans l'ordre littéraire que politico-social, notre action devrait nous amener à demander la valorisation de ce facteur raciologique (sic).

Puisque, en outre, l'histoire et la sociologie enseignent que le génie d'un peuple est fonction de la stabilisation de ses composantes ethniques, laquelle stabilisation commande son rayonnement dans tous les domaines de l'activité (agriculture, industrie, art), nous avons toujours préconisé l'harmonisation des deux tendances profondes et directrices de l'âme haïtienne »

(Les Griots, No. 2, vol. 2, Octobre-Décembre 1938)

L'année précédant son avènement au pouvoir, en 1956, à la fin du gouvernement du colonel Paul Eugène Magloire et des gouvernements provisoires qui ont succédé à ce dernier, le docteur Duvalier avait fait sa campagne politique en compétition avec l'agronome Louis Déjoie, le professeur Daniel Fignolé et le Ministre de Magloire, Clément Jumesle. Auparavant, il avait été employé à la compagnie américaine SNEM, le Service National d'Eradication de la Malaria et du Pian et il fut Ministre de la Santé Publique du gouvernement de Dumarsais Estimé après la chute du président Elie Lescot.

J'avais 7 ans à l'époque de la campagne électorale et j'étais donc assez âgée pour m'en rappeler quelques épisodes. Je me souviens par exemple de la popularité du candidat Louis Déjoie dans la région des Cayes, ma ville natale dans le Sud du pays, d'où il était originaire. Grand propriétaire terrien, le candidat Déjoie promettait de mettre les Haïtiens au travail par le développement de l'agriculture notamment et comptait sur des élections honnêtes, la neutralité de l'armée et sa popularité, pour gagner la présidence. Louis Déjoie était un mulâtre riche, propriétaire terrien et industriel, et ses compétiteurs, des professionnels noirs, originaires de la classe moyenne et de la classe politique.

Dans le sud du pays, on était déjoieiste pour la plupart et le slogan du candidat était: « la politique de la terre, la seule, la vraie ». On disait aussi: « voter Déjoie, c'est voter travail ».

Mais la neutralité de l'Armée ne fut pas de mise. Le mot d'ordre fut donné de voter pour, ou plutôt de remplir les urnes en faveur de François Duvalier qui, lui, avait su ménager des rapports harmonieux avec cette importante institution. Les élections de 1957 furent-elles « libres, honnêtes et démocratiques »? Selon la plupart des analystes, ce ne fut pas le cas. Duvalier fut donc élu président par un vote aux résultats frauduleux. Il faut signaler entre parenthèses que les femmes haïtiennes ayant finalement obtenu le droit de vote en 1950 avaient voté pour la première fois.

« Papa Doc », comme on l'appella par la suite, se maintiendra près de quatorze ans au pouvoir accompagné de sa femme Simone Ovide, une ancienne infirmière de Port-au-Prince, originaire de la région de Léogâne. Il mourrut au pouvoir en 1971 après s'être proclamé « président à vie » vers le milieu des années soixante (1964). Il se présentait comme étant le défenseur de la classe moyenne et de la majorité pauvre, de «l'arrière-pays », comme il le disait lui-même.

Les exilés de tous bords lui résistèrent, notamment de l'extérieur, en organisant des « invasions » sur plusieurs points du territoire.

A l'intérieur du pays où régnait une « psychose de peur » réelle et surnaturelle, entretenue par la superstition, les duvaliéristes organisèrent les « Volontaires de la

Sécurité Nationale » (VSN) dénommés « tontons macoutes » par la population, composés d'hommes et de femmes dites « fiyèt lalo », pour se maintenir au pouvoir et faire régner la paix. Les Tontons Macoutes et les « Fiyèt Lalo » sont connus pour leurs exactions et la répression qu'ils exercèrent sur la population.

La « démagogie noiriste » remplaça les discours sur l'accès au travail et à l'agriculture. La période coloniale nous avait en effet laissé en héritage une lutte pour le pouvoir, qui devint plus accrue une fois l'indépendance du pays conquise en 1804, entre les noirs et les mulâtres, descendants de colons blancs et de noirs. En 1957, « L'idéologie de couleur » faisait rage et la classe politique noire voulait avoir le dessus.

Sous Duvalier, dans les années soixante, l'émigration de la classe moyenne vers l'Amérique du Nord – le Canada et les Etats-Unis – s'intensifia. Certains prirent le chemin de l'Afrique pour contribuer au développement des pays africains qui avaient nouvellement conquis leur indépendance. C'était le début d'une migration des Haïtiens vers l'extérieur, de la constitution d'une diaspora haïtienne auparavant composée principalement des coupeurs de canne à Cuba et en République Dominicaine.

CHAPITRE 2

« Bébé Doc » devient président.
(1971-1986)

« Papa Doc » mourrut le 21 avril 1971. Il avait passé treize ans et cinq mois au pouvoir.

Quand il tomba malade en 1970, il réunit ses proches et choisit parmi ses quatre enfants: trois filles Marie-Denise, Simone et Nicole, et un garçon Jean-Claude, le plus jeune, de sexe masculin, âgé alors de 19 ans, pour lui succéder comme président à vie.

Les circonstances de la maladie de Duvalier-Père, de sa mort et de son enterrement furent imprégnées du plus grand mystère.

Jean-Claude Duvalier et son entourage présidèrent au sort de la nation après son décès.

Bébé Doc allait rester au pouvoir pendant 15 ans jusqu'à son renversement par un soulèvement populaire à l'échelle nationale.

Que réalisa-t-il pendant ces quinze ans?

Tout d'abord, le jeune Duvalier-fils ne gouverna pas personnellement. Il était plutôt un président de façade et des cérémonies officielles. Ayant complété ses études secondaires à l'institution catholique réputée des Frères de Saint-Louis de Gonzague et au Collège Bird dirigé par les Méthodistes et fait tant bien que mal des études de Droit à Port-au-Prince, il menait une vie de plaisir et de Don Juan, passant son temps à courir les filles de la capitale et à conduire les voitures de sport. Les femmes de la famille, notamment sa mère Simone Ovide Duvalier, sa sœur ainée Marie-Denise et leurs proches, dont le plus connu était Luckner Cambronne, gouvernaient à sa place.

La nation était ainsi sous la coupe des premiers et anciens duvaliéristes appelés « dinosaures », fidèles à la pensée et aux pratiques de feu Duvalier-Père qui, dit-on d'ailleurs, composa lui-même avant sa mort le premier cabinet politique de son fils dans le but d'assurer la continuité de son régime.

Très tôt cependant, Jean-Claude Duvalier fit savoir qu'il entendait compléter en quelque sorte l'œuvre de son père: celui-ci avait fait la « révolution politique », lui, il ferait la « révolution économique ».

L'aide bilatérale et multilatérale qui avait cessé sous Duvalier-Père reprit sous Duvalier-Fils. Le pays fut ouvert à l'investissement étranger notamment aux industries de sous-traitance destinées à la fabrication de balles de baseball. Mais le business le plus connu et décrié fut la vente de plasma et de cadavres aux Etats-Unis d'Amérique. Les routes menant aux Cap-Haïtien et aux Cayes furent asphaltées de même que la route de Jacmel.

« Bébé Doc » entreprit aussi de « libéraliser » le régime en permettant l'existence de deux partis politiques. Des critiques de son gouvernement étaient permises dans une certaine mesure et l'invitation fut faite aux exilés politiques de rentrer dans leur pays.

Au début de ces années soixante-dix, les tous premiers « boat people » haïtiens que les services d'immigration des Etats-Unis considérèrent par la suite comme étant des « réfugiés économiques » plutôt que des « réfugiés politiques » comme les Cubains, commencèrent à fuir Haïti pour les côtes de la Floride. Parallèlement, un commerce lucratif de visas américains et canadiens facilita l'émigration aux Etats-Unis et au Canada d'une seconde vague d'Haïtiens, cette fois venant des couches populaires des villes et des campagnes qui se dépeuplèrent ainsi davantage au profit de la capitale et des grandes villes d'Amérique du Nord: Miami, New York, Chicago, Boston, Montréal etc . . .

Incapable de contrôler le mouvement de « libéralisation politique » et suite à deux invasions, le gouvernement de Bébé Doc retourna à la répression.

Les conditions de vie de la population se détériorèrent . . .

La corruption, déjà existante sous « Papa Doc », se généralisa sous « Bébé Doc » . . .

Jean-Claude Duvalier épousa Michèle Bennett en Mai 1980. Le mariage fut fastueux et coûta, dit-on, trois millions de dollars. Par ce mariage, Bébé Doc se démarquait quelque peu des « dinosaures » du régime en considérant l'époque de la révolution proprement politique passée.

Michèle Bennett était la fille d'un exportateur de café et homme d'affaires mulâtre Ernst Bennett. Elle était la divorcée d'Alix Pasquet, fils d'une famille mulâtre ayant participé à une tentative de renverser Duvalier-Père. Elle était aussi la fille d'Aurore Ligondé, sœur de Monseigneur Ligondé, grand duvaliériste.

En 1983, elle eut un fils Nicolas qui, dit-on, était prédestiné à remplacer son père pour continuer la dynastie duvaliériste. Elle devint première dame de la République et évinça la mère de son mari et la sœur de celui-ci du pouvoir. Madame François Duvalier devait prendre le chemin de l'exil à destination de la France.

Michèle Bennett était connue pour sa participation active au pouvoir et même aux réunions du Cabinet Ministériel. Elle rivalisa avec Roger Lafontant alors Ministre de l'Intérieur de Jean-Claude Duvalier de même qu'avec d'autres clans.

Vers le milieu des années 80, les rivalités s'exacerbent au sein du régime. Il y avait autour du président trois groupes rivaux: 1) les macoutes; 2) les militaires; 3) les jeunes Ministres d'Etat du Cabinet.

Marc Bazin, fonctionnaire de la Banque Mondiale, occupa pour un temps le portefeuille de Ministre de l'Economie et des Finances avec, dans son cabinet, des jeunes comme Leslie Delatour, Charles Clermont et Guy Alexandre; en vue de mettre un frein à la corruption et faire démarrer l'économie. La tentative fut de courte durée, le régime de Jean-Claude Duvalier ne pouvant s'accommoder de technocrates décidés à changer ou tout au moins à redresser le cours de choses.

De plus, la révolte grondait au sein des masses populaires qui n'avaient plus peur . . .

CHAPITRE 3

Le grand chambardement de 1986

Du fait de leur échec et de leur orientation idéologique, les « invasions » ou « débarquements » n'étaient pas appréciés dans les milieux de gauche qui lui préféraient des approches de conscientisation et d'organisation des masses populaires à l'extérieur comme à l'intérieur du pays pour lutter contre la dictature.

A New York, je faisais partie du Comité de Défense des Réfugiés Haïtiens où nous militions avec d'autres groupes dont les Pères du St Esprit exilés, pour faire valoir les droits des réfugiés haïtiens que *la situation politique,* disions-nous, avait forcé à risquer leur vie sur de frêles embarcations pour se rendre aux Etats-Unis pour y « chercher la vie ». Nous intervenions aussi sur le plan culturel pour «conscientiser les masses ».

Je pus aussi, tout en travaillant, poursuivre mes études et décrochai une maîtrise en psychologie et même entrepris d'obtenir un doctorat dans la même discipline. Entre temps, j'avais abandonné ma participation aux groupes politiques, je voulais servir mon pays et mon peuple par mon travail.

Quand finalement après trente ans, la longue lutte contre les Duvalier trouva son épilogue, la nouvelle de la fin de règne de la dictature fut diffusée sur les ondes de la télévision.

Je pus ainsi voir la mobilisation incroyable qui provoqua la chute de la dictature, le départ de Jean-Claude et de sa femme Michèle Bennett, finalement acceptés en France où ils partirent pour l'exil.

Le temps était venu où Haïti, libérée, serait belle, comme dit la chanson. Du moins, l'espérions- nous . . .

CHAPITRE 4

Les années de la bamboche démocratique.
Régala est là: pour rassurer les duvaliéristes.
(1986-1987)

Après le départ de Jean-Claude Duvalier, de sa famille et de ses proches en février 1986, il y eut particulièrement à Port-au-Prince, plusieurs scènes de « déchoucage » Les maisons des duvaliéristes furent pillées et démolies par le « rouleau compresseur » La statue de Christophe Colomb fut jetée à la mer.

Les manifestations de masse continuèrent à Port-au-Prince et dans les villes secondaires pour dénoncer et exorciser un régime qui s'était imposé pendant trente ans par la terreur des tontons macoutes, la complicité de l'armée, la dominance de l'idéologie de couleur, sous une forme ou sous une autre, et des croyances superstitieuses. La population n'hésita pas à utiliser le « supplice du collier » et nombre de macoutes, de sorciers et de militaires périrent par le feu.

Entre temps, beaucoup d'exilés et de militants politiques de tous bords revinrent au pays après une longue absence. Certains d'entre eux furent acclamés depuis l'aéroport par la population en liesse.

La chute du gouvernement de Jean-Claude Duvalier était le résultat d'une mobilisation sans précédent à l'échelle du pays orchestrée par les groupes de gauche, les « ti legliz », partisans de la Théologie de la Libération et autres « patriotes conséquents », les démocrates et les militants des droits humains; mais ce départ fut précipité aussi par l'exacerbation des luttes au sein du régime duvaliériste. Notamment, on sait que l'aile dure du gouvernement, qui avait été écartée du pouvoir voulait retourner au « timon des affaires » comme on dit chez nous. De même les militaires voulaient comme autrefois, c'est-à-dire avant Duvalier, jouer un rôle de premier plan.

Confronté par ces différents clans rivaux, Jean-Claude Duvalier nomma, avant son départ, un Conseil National de Gouvernement de compromis composé de militaires et de civils devant gérer la crise et assurer la transition vers un nouveau régime. D'abord composé d'un Président, le lieutenant général Henri Namphy, et de 5 membres, 3 militaires et 2 civils dont Gérard Gourgue, un militant des droits de l'homme, ce CNG initial fut remplacé un mois et demi après sa formation, le 20 Mars 1986, après la dissolution du corps des Volontaires de la Sécurité Nationale, la libération des prisonniers politiques et la restoration du drapeau bleu et rouge d'Haïti.

Un deuxième Conseil National de Gouvernement fut établi, après la démission de Gourgues, cette fois composé de trois membres, les militaires Namphy et Regala qui avaient fait partie du premier conseil et Jacques A. François, un civil influent, du nord d'Haïti.

Quand je rentrai définitivement à Port-au-Prince en Janvier 1987, c'est ce deuxième Conseil qui présidait au destin de la nation. La population, elle, accompagnée de ses leaders, continuait le processus de « déchoucage » et de suppression des macoutes par le « Père Lebrun »[3], manifestait en masse en scandant des slogans « révolutionnaires » et s'exprimait bruyamment dans les radios, les journaux et la télévision grâce à la liberté de la presse nouvellement conquise. La répression avait duré longtemps et les libertés supprimées pendant trente ans; il fallait punir, se défouler et même se venger des atrocités subies sous les deux régimes des Duvalier Père et Fils.

En même temps que se poursuivaient les manifestations de rues, les interventions à la radio et les mouvements de grève, il était question des travaux de l'Assemblée Constituante qui, comme son nom l'indique, était chargée de rédiger une nouvelle constitution devant entre autres définir les règles du jeu démocratique. C'était l'époque de la « bamboche démocratique ».

CHAPITRE 5

La constitution est votée:
makout, vòlè, pa ladan l
(29 Mars 1987)

Cette fameuse constitution fut votée par une grande masse d'électeurs le 29 Mars 1987, trois mois après mon retour définitif en Haïti. Ce jour-là, l'euphorie était au rendez-vous; sauf les minorités, d'extrême-droite surtout, mais aussi celles de l'extrême-gauche et les partisans de la Démocratie directe, ne partageaient pas la joie de l'immense majorité, et ne croyaient pas que cette constitution était bénéfique pour le pays.

Bien que le vote ait été précédé d'une campagne d'éducation civique à large impact, on attribua l'approbation massive de cette « loi-mère » de 1987 à l'engouement pour l'article 291 anti-macoute de celle-ci. Et en effet, cet article stipulait:

Ne pourra briguer aucune fonction publique durant les dix années qui suivront la publication de la présente constitution:

a) Toute personne notoirement connue pour avoir été par ses excès de zèle un des artisans de la dictature et de son maintien durant les 29 dernières années;

b) Tout comptable des deniers publics durant les années de la dictature sur qui plane une présomption d'enrichissement illicite;

c) Toute personne dénoncée par la clameur publique pour avoir pratiqué la torture sur les prisonniers politiques, à l'occasion des arrestations et des enquêtes ou d'avoir commis des assassinats politiques.

La constitution bannissait ainsi la participation des Tontons Macoutes et des civils duvaliéristes notoires aux futures joutes électorales.

Estimant la partie gagnée, le mouvement des *ti legliz* donnait son appui au referendum demandant à tous les électeurs de se vêtir de blanc pour marquer symboliquement la pureté du jour.

L'engouement était contagieux et je me sentais concernée par l'avènement de la démocratie dans mon pays. C'était aussi la première fois que je votais. Ce jour-là, je sentis que je participais à l'orientation de l'avenir du peuple haïtien, donc aussi du mien, et en plus que j'accomplissais un « devoir civique ».

Le geste de voter était signifiant. Pendant près de trente ans, on nous avait empêchés de l'accomplir librement. Il voulait dire que nous ne subissions plus le sort mais qu'au contraire nous le façonnions par des choix historiques collectifs et individuels. Décidément, j'aimais l'idée d'être, même un peu, l'agent de ma propre histoire.

De mon point de vue, il n'y avait pas que l'article 291 à considérer mais aussi ceux qui orientaient le pays sur la voie de la démocratie. L'article 291 me paraissait justifié et juste mais l'article 191 faisant état d'un Conseil Electoral « chargé d'organiser et de contrôler *en toute indépendance,* toutes les opérations électorales », me semblait tout aussi important, car il fixait des procédures devant ouvrir la voie à l'établissement d'un régime de démocratie.

De fait, les duvaliéristes n'avaient pas accepté l'idée de ne pas participer pendant dix ans aux affaires publiques; ils n'acceptaient pas non plus de ne plus contrôler les élections. Bref, les idéaux démocratiques étaient pour eux une utopie; ils étaient contraires à leurs options personnelles. Un « conflit ouvert » opposa le Conseil National de Gouvernement et les duvaliéristes d'un côté au CEP indépendant de l'autre côté. La population, en grande majorité anti-duvaliériste, était du côté du CEP qui finalement put fixer les élections présidentielles au 29 Novembre 1987.

Des trente-cinq candidats à la présidence inscrits, 23 furent acceptés et 12, des duvaliéristes, furent rejetés selon les prescrits de la constitution. La période d'inscription et de la campagne électorale furent parsemées de violences et deux des dirigeants politiques, Yves Volel et Louis-Eugène Attis, furent assassinés à cette époque.

Je me souviens que pendant cette période, des groupes de jeunes civils duvaliéristes parcouraient les rues de Port-au-Prince, armés jusqu'aux dents, tirant sur tout élément rencontré sur leur passage. L'insécurité, orchestrée par les duvaliéristes, faisait rage. Des « zenglendos » ou assassins pillaient et tuaient de paisibles citoyens.

Mais en Haïti. Dans la famille, nous étions tous impliqués jusqu'au cou dans la politique. Mon beau-père, Michel Roumain, ancien dirigeant du Parti Socialiste Populaire dans les années quarante et cinquante, avait fini par intégrer le Conseil Electoral Provisoire. Mon mari, Claude Roumain, qui travaillait pour un journal – il s'agit d'Haïti Observateur - que l'on dénonçait dans les milieux de gauche comme étant à droite et pro-américain, mais qui avait permis au militant de gauche qu'il était de s'exprimer librement, avait choisi d'être dans le camp de Marc Bazin, ancien haut fonctionnaire de la Banque Mondiale. Celui-ci était réputé pour avoir tenté de réformer l'économie et d'endiguer la corruption sous « Bébé Doc » bien qu'ayant échoué dans son entreprise. Il nous paraissait comme étant celui qui pouvait, dans cette nouvelle conjoncture difficile, réussir, par ses positions modérées mais réformatrices et innovatrices, à s'imposer.

Malgré les turbulences politiques, j'étais confiante en l'avenir de la démocratie dans mon pays: la volonté populaire était trop forte, la mobilisation trop massive, le sentiment anti duvaliériste et anti-dictatorial trop vif.

De même que pour la constitution de 1987, l'engouement pour les élections était grand: plus de deux millions de personnes s'inscrivirent, c'est-à-dire près de 75% de la population en âge de voter.

CHAPITRE 6

L'horreur De La Ruelle Vaillant
(29 Novembre 1987)

L'assassinat d'Yves Volel, avocat exilé rentré au pays après la chute de la dictature, candidat du Rassemblement des Démocrates Chrétiens Haïtiens, survenue dans la matinée du 13 Octobre 1987, aurait dû sonner pour moi l'alarme, mais cet assassinat, malgré la détérioration du climat ambiant, me sembla être un acte isolé. Yves Volel, opposant de longue date au régime duvaliériste, mourut revêtu de sa toge d'avocat, brandissant une copie de la Constitution devant l'immeuble des Recherches Criminelles, non loin de la statue du marron inconnu, symbole des esclaves qui avaient lutté pour la liberté. Il rencontrait à cet endroit la presse locale et étrangère à l'occasion de la détention illégale d'un de ses clients.

Je refusai d'admettre que son assassinat préfigurait le coup d'arrêt que voulaient porter à la marche vers la démocratie, les duvaliéristes, civils et militaires.

L'excitation était grande le jour des élections. Dans tous les coins et recoins de la capitale et de ses environs, dans tout le pays même, on se leva tôt pour aller se mettre en ligne d'attente devant les bureaux de vote. Mais au matin de ce 29 Novembre 1987, un groupe de 50 à 60 hommes, munis d'armes automatiques et de machettes, massacrèrent les électeurs qui s'étaient massés devant l'école nationale Argentine Bellegarde, à la ruelle Vaillant, à Port-au-Prince. Les victimes du massacre se chiffraient entre 34 et 200 selon les reportages. Dans l'Artibonite aussi on avait massacré des électeurs pour empêcher aux bulletins de vote d'atteindre le nord du pays.

Cette fois, l'enjeu était clair: il s'agissait d'intimider la population, d'arrêter les élections et le processus démocratique.

A la mi-journée, le Conseil National de Gouvernement décréta l'annulation des élections qui selon toutes les prévisions devaient être remportées par le juriste connu, membre du premier CNG, Gérard Gourgues qui briguait la présidence sous la bannière d'une large coalition de la gauche démocratique anti-duvaliériste incluant les communistes et les membres des *ti legliz,* partisans de la Théologie de la Libération.

Le soir, la télévision nationale projetait, comme par hasard, un film sur le massacre des communistes indonésiens par les militaires de leur pays dans les années soixante où des milliers de personnes furent tuées. Était-ce pour nous dire qu'en d'autres lieux, des militaires avaient commis des atrocités qui avaient fait plusieurs centaines de milliers de morts et que ce qui s'était passé en Haïti n'était « rien » en comparaison? Était-ce pour nous dire que cela aurait pu être

pire et que nous devions accepter ce qui s'était passé? Était-ce pour nous dire que

les électeurs de la ruelle Vaillant étaient des communistes?

Cette fois, on ne pouvait plus s'illusionner: le projet démocratique était bel et

bien dans l'impasse.

CHAPITRE 7

L'option Manigat:
(7 Février-20 Juin 1988)

La désignation de Leslie F. Manigat à la présidence fut orchestrée par un nouveau Conseil Electoral sous contrôle de l'Armée et à travers des élections boudées par la population (moins de 10% de participation) et la plupart des candidats à la présidence.

Leslie Manigat, exilé par Papa Doc en 1963 après avoir été Ministre du gouvernement de celui-ci et fondé avec son accord l'Institut des Hautes Etudes Internationales, dirigeait le Rassemblement des Démocrates Nationaux Progressistes (RDNP), parti de centre-droit ayant pris naissance au Venezuela en 1979, pendant son exil.

Par son élection ou sa « sélection » comme on dit chez nous, l'Armée, sous la direction d'Henri Namphy, croyait avoir mis au pouvoir un président civil fantoche, un gouvernement de façade qui se laisserait manipuler par ceux qui l'avaient hissé à la direction des affaires publiques et l'avaient déclaré « incontournable ».

Mais quatre mois après, les contradictions entre le pouvoir civil de Manigat et les militaires allaient s'envenimer: Manigat voulant avoir le contrôle politique avait en effet entrepris de faire des changements dans l'Armée. Son gouvernement fut renversé par le militaire Henri Namphy qui reprit le pouvoir en Juin 1988.

J'étais en Haiti parmi les « observateurs attentifs » de la lutte pour le pouvoir et de ce qui nous semblait être une transition vers la démocratie plutôt houleuse et difficile sinon impossible. Il était devenu clair pour tous que cette armée voulait le pouvoir mais pas la démocratie. D'ailleurs, les duvaliéristes civils et les tontons macoutes étaient redevenus actifs et l'insécurité régnait.

Voici ce qu'eut à dire l'ex-président et historien Leslie F. Manigat de sa présidence lors d'une entrevue à la correspondante du journal Haiti-Tribune, édition du 19 août au 1er Septembre 2004:

« J'étais président pendant quatre mois et demi seulement, mais on me connaissait partout, par les échos et résonances de la notoriété. Je ne dis pas que tout le monde disait bravo, mais appréciait, évaluait, entendait, était à l'écoute. Voici le messie? Non, heureusement pas. Nous autres, nous n'avons jamais mangé de ce pain-là. Nous n'avons jamais été, nous autres, dans cette direction ni sous Duvalier ni avec Aristide, contrairement à bien d'autres, n'est-ce pas?

Cependant on savait que nous étions là, et on sait depuis lors que nous sommes toujours là. Lorsqu'on a exercé le pouvoir, on est connu. L'émission «Ti koze anba tonèl» EN CRÉOLE avait une écoute extraordinaire dans ce pays. On ne peut pas dire que le RDNP n'est pas connu, c'est ridicule!! Les gens qui le disent ne sont pas sérieux avec eux-mêmes. Dites-nous que nous avons un gros effort à faire pour capter et garder l'affection des masses populaires et les préférences du peuple, je dis oui. Mais ne me dites pas que Manigat n'est pas connu, c'est un petit groupe d'intellectuels qui dit des choses que les gens ne comprennent pas, c'est ridicule!

Pourquoi alors on est toujours retenu comme l'homme de la marmite du riz à bon marché?, des petits koze anba tonèl?, du bip ti chéri contre le charbon de bois?, de la fermeté de la puissance publique pour la protection des bassins versants?, des logements sociaux en construction?, de la raffinerie de pétrole de Maracaibo pour Gonaïves?, des instituts de technologie obtenus de la France pour Port-au-Prince, le Cap et les Cayes?, de la scolarisation par antennes d'énergie solaire? Etc. (voir le document sur les réalisations du gouvernement Manigat-Célestin) . . .

Le RDNP a décidé d'aller au pouvoir à travers des élections, c'est clair. Que les autres aient boycotté ce scrutin pour des raisons qui étaient légitimes d'après eux, c'est un fait. Sans possibilité réelle de «raché manioc» comme alternative, ils n'ont donc pas participé, mais d'autres ont participé – c'est notre cas - et ont été aux élections, certains dans le dessein de pouvoir renvoyer les militaires dans leurs casernes – ce fut notre cas - et ces joutes ont donné comme choix Manigat.

S'il y a des gens qui disent qu'ils n'aiment pas la manière du moment d'alors, ok. Moi aussi, imaginez-vous, je peux dire que je n'ai pas aimé la manière, d'ailleurs sans violence cette fois, et que j'aurais préféré d'autres circonstances. Mais ce qui est important pour la mémoire politique, ce n'est pas de s'arrêter à la manière, sans doute contestée, c'est ce que nous avons fait au pouvoir et que je viens d'évoquer: notre bilan est positif aux yeux de l'écrasante majorité de la population. C'est ça qui est important, et c'est ce qui fait la popularité du RDNP jusqu'à aujourd'hui.

C'est parce que nous avons été au pouvoir précisément avec un bilan positif, avec une équipe sérieuse remarquable, avec une action qui déjà donnait ses fruits et montrait dans quelle direction le pays allait, c'est parce que nous avons fait tout cela que maintenant c'est une bonne chose qu'on ait tout ce monde à rappeler les réalisations du gouvernement de février 1988, et c'est dommage pour le pays que l'expérience ait été interrompue si vite. »

(Propos recueillis par Linda Jean-Gilles)

Entreprise audacieuse? Risque calculé? J'étais pour ma part une observatrice morose qui trouvait que le leader Manigat faisait peu de cas de la popularité que doit en principe avoir tout projet démocratique.

CHAPITRE 8

Le massacre de Saint Jean Bosco
(11 Septembre 1988)

Nous sommes en été 1988.

Manigat part pour l'exil et le Lieutenant-Général Henri Namphy préside au destin de la nation. Je n'ai pas beaucoup d'espoir pour l'avènement d'une démocratie dans mon pays. Je crains une tournure violente des événements car la situation est dominée par le retour en force des tontons macoutes et des militaires duvaliéristes.

En regardant la télévision, j'apprends qu'on avait au matin du dimanche 11 Septembre assassiné des fidèles qui assistaient à une messe officiée par le père Jean-Bertrand Aristide à l'église Saint Jean Bosco. On avait, après le massacre, mis le feu à cette église. Les images étaient transmises à la télévision et je pouvais voir l'église en flammes et des gens courant dans tous les sens.

Cet incendie était pour moi le pire des crimes, révélant la mentalité de ces gens qui n'avaient pas la crainte de Dieu . . . et outrepassaient par leurs actes criminels les tabous les plus ancrés dans nos esprits.

Plus tard, j'appris que celui qui était visé était le père Jean-Bertrand Aristide qui, à travers ses prêches enflammées, attaquait les macoutes, les militaires et sans doute tous ceux qu'il considérait comme étant les « suppôts » du système politique et économique haïtien.

CHAPITRE 9

Coups d'Etat contre « l'intelligent Avril »: (Septembre 1988-Mars 1990)

Après le massacre de Saint-Jean Bosco, les divisions entre les différentes factions de l'Armée devinrent encore plus manifestes donnant lieu à une série de coups d'Etat. Prosper Avril, qui fut président d'Haïti du 17 Septembre 1988 (il renversa Namphy six jours après le massacre de Saint-Jean Bosco) au 10 Mars 1990, subit deux tentatives de coups d'Etat. Il fut finalement renversé par le général Hérard Abraham qui passa le pouvoir à une femme, Ertha Pascal-Trouillot, juge à la Cour de Cassation, trois jours après, le 13 Mars 1990.

Je me souviens que le président Prosper Avril ordonna l'arrestation, la détention illégale et la torture de dirigeants politiques et de syndicalistes. C'est ainsi qu'Evans Paul, Serge Gilles, Marino Etienne, Gérard Laforest, Gérald Brun et Jean-Auguste Mesyeux furent torturés en prison et leurs visages tuméfiés furent exposés à la télévision nationale sans doute pour intimider la population et mettre fin à la lutte pour le changement.

De mon côté, j'étais certaine que le président Avril n'était pas celui qui nous apporterait la démocratie.   A la télévision, je pouvais l'imaginer comme quelqu'un qui avait pris le pouvoir pour lui-même et qui entendait y rester par la force comme il l'avait montré d'ailleurs en faisant emprisonner ces leaders.

CHAPITRE 10

Ertha Trouillot occupe la présidence
(13 Mars 1990)

Je suis en Haïti quand une semaine de grèves et de manifestations occasionèrent finalement le départ du lieutenant-général Prosper Avril et son remplacement par le général Hérard Abraham qui devait trois jours après passer le pouvoir à la juge à la Cour de Cassation Ertha Pascal-Trouillot, mère, avocate, professeur et auteur de six livres, qui avait su se maintenir en bonne position sous les Duvalier tout en gardant une certaine intégrité.

A son inauguration, le 13 Mars 1990, la présidente promettait de favoriser le passage à la démocratie en Haïti sans effusion de sang. Elle partageait le pouvoir avec un Conseil d'Etat formé de représentants de partis politiques ayant sur ses décisions un pouvoir de veto.

Cette formule semblait plaire à l'opposition qui demandait l'organisation d'élections libres.

CHAPITRE 11

Deux années fertiles en evénements politiques.
(1989-1990)

C'est la chute du Mur de Berlin qui sera suivie de celle des régimes communistes d'Europe de l'Est et finalement de la décomposition de l'URSS en plusieurs Etats.

Le Mur de Berlin, qui sépare la ville en Berlin Est ou République Démocratique Allemande, communiste, et Berlin Ouest ou République Fédérale Allemande, capitaliste, avait été érigé au début des années soixante pour tenter d'arrêter la fuite des insatisfaits du communisme. Il a constitué pendant plus de vingt-huit ans « le symbole du clivage idéologique et politique d'une Europe divisée depuis la fin de la deuxième guerre mondiale. »

Déjà en 1983, la Hongrie passe au capitalisme. En août de la même année, un membre de Solidarnosc, parti non-communiste polonais, devient Premier

Ministre de la Pologne. Une contagion de liberté va aussi gagner les Allemands. A Berlin Est, le 4 novembre 1989, un million de personnes sont dans les rues et des centaines de milliers dans les autres grandes villes. Sous la pression de la foule, « le mur tombe » dans la nuit du 9 au 10 novembre 1989, provoquant un véritable « rush » vers Berlin Ouest, d'option capitaliste, le lendemain matin.

Après la chute du Mur de Berlin s'ensuivit la chute des régimes communistes d'Europe Centrale. La conséquence en est la désagrégation de l'empire soviétique.

En Tchécoslovaquie, la « Révolution de Velours » met fin au communisme. En Bulgarie, le régime stalinien cède la place à un communisme plus ouvert. En Roumanie, Ceaucescu est éliminé violemment. Les Etats baltes, l'Estonie, la Lettonie et la Lituanie, proclament leur indépendance.

En Janvier 1990, c'est la chute du régime d'Albanie, lui-même prochinois. Se plaignant de la pauvreté et de l'absence de libertés, des milliers d'Albanais participent à des manifestations contre le régime communiste et cherchent refuge dans les ambassades étrangères ou partent par bateau pour l'Italie.

Il ne fait pas de doute que le communisme pro-soviétique a fini par échouer.

De fait, au début de l'été 90, Marc Bazin est en bonne position pour gagner les élections en Haïti. Il publie un livre, *le Défi Démocratique*, où il expose ses idées politiques et fait campagne à travers le pays. Les regroupements politiques de l'ex-Front National de Concertation qui tentent de forcer une issue « de gauche » dans un contexte où les militaires et les civils macoutes menacent de réprimer toute option démocratique, n'ont pas encore trouvé leur candidat.

CHAPITRE 12

« L'Opération Lavalas » est déclenchée et Aristide devient président (Décembre 1990)

Le 18 Octobre 1990, Jean-Bertrand Aristide annonçait sa décision d'être candidat à la présidence en tant que « candidat du peuple ». En même temps, il lançait « l'opération Lavalas ». Choisi par le FNCD, le MOP et le PNDPH, partis politiques avec lesquels il concluait une « alliance tactique », il était un candidat symbolique, unificateur qui déclencherait « l'avalanche ». Dans une interview au journal Haiti-Progrès, il disait en effet: « notre stratégie est non pas de promouvoir les élections mais de convertir celles-ci en une opération, l'opération lavalas, pour barricader la route contre les macoutes. »

Je ne connaissais Aristide ni en noir ni en blanc. Je savais cependant qu'il ne ménageait pas les duvaliéristes dans ses prises de parole. Il était aussi un des leaders du mouvement de déchoucage des gouvernements militaires de Namphy et compagnie: « rache manyòk ou, bay tè a blanch . . . banm peyi a blanch », disait-il. Il avait échappé à des tentatives d'assassinat, notamment à Freycineau et à l'église Saint Jean Bosco et était devenu populaire et quelque peu légendaire. Dans les manifestations, il était entouré par les enfants de « Lafanmi Se Lavi », une organisation philanthropique qu'il avait fondée.

Je n'étais pas d'accord avec ses idées politiques exprimées dans quelques formules plutôt simplificatrices: « twa wòch dife », « se grès kochon k kwit kochon », et son slogan « men anpil chay pa lou »[5] me paraissait insuffisant pour assurer le développement économique de notre pays. Son approche anarchisante, son désir de contrôler par la foule, de déclencher un « lavalas », ne me mettait pas en confiance. Partisan de la constitution qui nous proposait un modèle de démocratie représentative, je désapprouvais la soi-disant « démocratie directe» qu'il prônait.   Je pensais que Marc Bazin serait mieux capable de défendre et de présenter les intérêts économiques de notre pays et les attaques du prêtre-candidat contre le Fonds Monétaire International qu'il avait renommé « Fon Malfektè Ipokrit »[6] ne me convainquaient pas. Et surtout n'était pas clair ce qu'il proposait en alternative. En fait avait-il un programme ou même des idées cohérentes pour le changement?

Fin novembre 1990, je suis en Haïti où je suis venue assister aux funérailles de mon beau-père Michel Roumain.   Je tiens à y rester jusqu'à la date des élections qui auront lieu le 16 décembre car je compte participer par mon vote à cet événement que je juge important pour le pays.   Il s'agissait d'un moment historique: quatre ans après le départ de Jean-Claude Duvalier, des élections au suffrage universel allaient finalement avoir lieu pour de bon.

En dépit de l'absence de sondages officiels, il ne fait pas de doute que les deux candidats les plus importants et ayant le plus de partisans sont Aristide et Bazin. Même dans la perspective où Lavalas l'emporterait, Bazin reste donc, à mon avis, le candidat d'une coalition centriste (l'Alliance Nationale pour la Démocratie et le Progrès, ANDP) dont il faudra tenir compte.

Les élections de 90 furent pour moi une grande déception. En effet, dès le lendemain du vote et avant même que les résultats ne furent calculés et connus, la masse des électeurs/fanatiques d'Aristide prenait la rue au cri de: Titid Président ! Cette foule en délire, plébiscitant, imposant peut-être Titid comme président, c'était l'avalanche qu'il avait promise. Donc, en fait, les élections ne représentaient pas le processus démocratique que j'avais souhaité. Elles inauguraient plutôt l'avènement d'un dictateur partisan du contrôle par la rue.

Des élections législatives, au Sénat et à la Chambre des Députés, confirment la prédominance des deux coalitions, FNCD (Front National de Concertation Démocratique) et ANDP (Alliance Nationale pour la Démocratie et le Progrès) sur les autres. Cependant, quoiqu'étant majoritaire, le regroupement dont Aristide est le candidat, le FNCD, ne détient la majorité dans aucune des deux chambres.

Quelle sera l'action politique du président Aristide durant les premiers mois de son pouvoir?

Voici ce qu'en dit Déjean Bélizaire dans son livre Le Parlement Haïtien Face au Coup D'Etat du 30 Septembre 1991:

« En pleine séance d'investiture au Palais législatif, le commissaire du gouvernement signifia un mandat de comparution à l'ex-présidente Ertha Pascal Trouillot qui venait de passer le pouvoir, accusant celle-ci de complicité avec le duvaliériste Roger Lafontant qui avait tenté un coup d'Etat contre Aristide. Ertha Trouillot sera arrêtée et mise en prison.[7]

Au Palais National, le jour même du 7 février 1991, dans son discours d'investiture, le président Aristide, en violation de la constitution ordonna le départ des six généraux des Forces Armées d'Haïti, FADH.

Le président s'engage aussi dans un bras de fer au parlement autour de la nomination de quatre juges à la Cour de Cassation, de la désignation des dix membres de la Cour supérieure des Comptes et du Contentieux Administratif, de la désignation des consuls généraux et de l'interpellation du Premier ministre René Préval par la Chambre des Députés.

Au mépris de la Constitution et de la hiérarchie militaire, le gouvernement intervient pour régler certains problèmes de conflits internes donnant l'impression de vouloir commander en personne les Forces Armées d'Haïti.

Le gouvernement menace la bourgeoisie haïtienne du supplice du collier communément appellé *père lebrun* et prévient dans sa diatribe historique du 27 septembre 1991 *pa neglije ba l sa l merite.*

Mais bien avant, il avait, outrepassant les conseils de la communauté internationale et de ceux qui l'avaient mis au pouvoir, notamment du Front National pour le Changement et la Démocratie, FNCD, imposé René Préval comme son Ministre de l'Intérieur et de la Défense Nationale et Premier Ministre. »

En peu de temps (sept mois), il s'était fait de nombreux ennemis: les forces armées d'Haïti, l'élite économique, certains secteurs des classes moyennes, des groupes de la communauté internationale, le parlement et même ceux de la gauche et du centre qui à travers le FNCD et les autres groupements politiques l'avaient propulsé au pouvoir. Se croyant tout puissant de par sa possibilité de déclencher la mobilisation « populaire », il se voyait comme le seul maître du jeu politique.

CHAPITRE 13

L'armée reprend le pouvoir et le FRAPH
frappe.
(Le 30 Septembre 1990)

Dans la nuit du 29 au 30 septembre 1990, les militaires avec Raoul Cédras réalisent un coup d'Etat contre Jean-Bertrand Aristide qui est encore une fois « miraculeusement » sauvé, dit-on, par l'ambassadeur français Jean Dufour qui facilite son départ du pays.

Nous apprenons la nouvelle du coup d'état contre Aristide. Il avait apparemment eu lieu dans la nuit ou très tôt dans la matinée du 30 septembre. Des victimes, j'étais sûre qu'il y en avait. Les gens dormaient. Les cadavres ne jonchaient pas les rues. La télévision ne transmet pas des images sanglantes ou des scènes d'incendie. Aristide et son équipe sont déjà partis pour le Venezuela.

Pour certains d'entre nous, c'est la stupéfaction; pour d'autres, il s'agissait d'un événement prévisible.

Je suis avec intérêt et inquiétude les événements politiques qui portaient la marque du haut commandement militaire des Forces Armées d'Haïti (FADH), notamment de Raoul Cédras, son commandant en chef.

Utilisant des attachés civils et des forces paramilitaires, les FADH entreprirent une répression systématique des forces aristidiennes. Notamment, le FRAPH, groupe armé paramilitaire, fut accusé de nombre de violations incluant des massacres, des incendies, des arrestations arbitraires, et même rapporte-t-on des viols, de la torture et d'autres actes de violence contre les femmes du camp lavalas. Cette répression violente causa l'exode massif d'Haïtiens vers la Floride sur de frêles embarcations.

La communauté internationale notamment l'Organisation des Etats Américains et les Nations Unies essayèrent de négocier le retour d'Aristide avec la junte militaire tout en utilisant des pressions diplomatiques et des sanctions économiques.

Les 18 et 22 avril eut lieu le "massacre de Raboteau", dans un quartier populaire des Gonaïves. Ce massacre était une des manifestations de la situation de répression qui se développait pour anéantir toute résistance de la population au coup d'état militaire du 30 septembre 1991 et contraindre cette population liée à Jean-Bertrand Aristide et au mouvement Lavalas à abandonner la lutte pour un retour à « l'ordre constitutionnel ». Il répondait à la même ligne d'action répressive menée par l'armée pour briser la résistance dans les quartiers populaires.

Des difficultés se manifestaient aussi au niveau de la représentation civile à la tête de l'état. Quatre gouvernements se succédèrent: Nérette-Honorat, Marc Bazin, Robert Malval et Emile Jonassaint comme gouvernements de facto.

CHAPITRE 14

Retour de Situation:
Les militaires américains débarquent.
1994-1996

Retour de situation: Aristide, ignorant les positions nationalistes de certains de ses partisans, s'alliait au gouvernement démocrate de Bill Clinton contre l'armée d'Haiti.

En effet, 20.000 militaires américains le remettaient au pouvoir trois ans après le coup d'état réalisé contre lui. Ceux qui l'avaient porté à la présidence avaient su résister de l'intérieur comme de l'extérieur, les solutions alternatives avaient été épuisées, et pour le protéger des macoutes et des militaires, on le plaçait derrière une cage vitrée.

Jean-Bertrand Aristide s'était fixé comme objectif d'affaiblir au minimum voire de démanteler l'insitution militaire et la remplacer par un corps de police qui serait placé sous l'autorité du Ministre de la Justice. Aussitôt après son retour, les casernes furent envahies par la population dans plusieurs points du pays causant la fuite des soldats.

Dans un premier temps, Aristide cohabita avec le nouveau chef de l'armée Jean-Claude Duperval; mais bientôt, celui-ci fut renversé et la composition de l'Etat-major fut bouleversée.

Une police intérimaire fut formée qui disparut au cours de l'année 1995 au fur et à mesure que des jeunes policiers allaient sortir de la nouvelle Académie de Police qui ouvrit ses portes en février 1996.

CHAPITRE 15

Le temps des "grands mangeurs"

Entre le retour de Jean-Bertrand Aristide au pouvoir en 1994 et son départ du pays en 2004 avant la fin de son deuxième terme, beaucoup d'événements se sont passés dont le but était le maintien et le renforcement de l'équipe Lavalas au pouvoir plutôt que l'instauration de la démocratie.

Je n'ai pas l'intention de les mentionner ici dans le détail.

D'une part, sept mois après le retour d'Aristide, j'étais révoquée de mon travail à l'Education Nationale et je quittais Haïti pour ne plus y revenir. D'autre part, entre cette période et jusqu'en 2004, je ne suivais pas de près la situation n'ayant pas accès aux media.

J'étais encore à Port-au-Prince cependant quand Aristide et l'Organisation Politique Lavalas, OPL, organisèrent une élection où ils se partagèrent la quasi-totalité des postes de pouvoir.

Ces élections désignées comme étant « non immaculées » par l'auteur Sauveur Pierre-Etienne sont décrites par celui-ci comme suit:

« Pour combler le vide institutionnel résultant de la fin du mandat des députés de la 45ème législature, de 18 sénateurs sur 27, des maires et conseillers des sections communales (2192 postes électifs), le président Aristide constitua le Conseil Electoral Provisoire (CEP) chargé de conduire le processus . . . Le président ne dissimulait pas sa volonté de contrôler le processus électoral . . . Ainsi, profitant de la collaboration de la Cour de Cassation, il nomma la majorité des membres du CEP . . .

Les médias d'Etat, transformés en véritables organes de la Plateforme politique Lavalas (PPL) excluaient la possibilité pour les partis de l'opposition de jouir du temps d'antenne reconnu par la loi électorale à tous les secteurs engagés dans le processus.

La volonté du pouvoir exécutif de gagner la totalité des postes électifs, certains actes de violence et d'intimidation, joints à des défaillances techniques au niveau du CEP, provoquèrent le rejet des résultats des élections du 25 juin 1995 et le boycott du second tour par les partis politiques de l'opposition démocratique, d'où le caractère très peu honorable de l'écrasante victoire électorale dans ces élections non immaculées. » (Sauveur Pierre-Etienne, L'Enigme Haïtienne, p. 287).

Après ces élections manipulées, le président Aristide, sans aucun respect pour les partis politiques constitutifs de la Plateforme politique Lavalas et les parlementaires de la 46 ème législature, n'hésita pas à désigner les présidents du Sénat et de la Chambre des députés consacrant le rejet de sa part du principe de la séparation des pouvoirs, fondement de tout régime démocratique. Divisions puis scission donc au sein du camp Lavalas. L'Organisation Politique Lavalas, OPL, devient Organisation du Peuple en Lutte, changeant son appellation. Aristide crée sa propre organisation dénomée Fanmi Lavalas pour organiser sa succession et être « le seul coq qui chante dans la basse-cour » selon l'expression consacrée.

Ne pouvant se faire réélire deux fois consécutivement, Aristide passe le pouvoir à son « frère jumeau » René Garcia Préval qui remporta les élections du 17 décembre 1995 avec 87,9% des votes exprimés.

CHAPITRE 16

René Préval: Président de doublure?

Tout le monde s'accorde à dire qu'Aristide menait le jeu politique de sa résidence de Tabarre. De fait, les « deux frères jumeaux », comme on les appela, s'entendaient pour continuer à travailler au renforcement de leur autorité par la conquête de toutes les sphères de pouvoir. Ils purent ainsi procéder aux actions suivantes: élections frauduleuses, marginalisation d'opposants, minage et co-optation des forces d'opposition, alignement total sur la politique néo-libérale, corruption systématique, violences et terreur par les bandes armées.

Les élections de 2000 qui reconduisirent Jean-Bertrand Aristide à la présidence furent marquées par un mépris sans borne des normes démocratiques:

« . . . le vol des urnes par la police, l'exclusion des mandataires qui n'appartenaient pas au parti au pouvoir, l'absence de procès-verbal, rien qu'à Port-au-Prince, sous les yeux des journalistes et des observateurs. Dans les autres départements du pays, ce furent de véritables commandos casseurs de scrutin que le pouvoir lança à l'assaut des urnes . . . . On pourrait croire qu'il s'agissait tout simplement d'élections à l'haïtienne, mais le caractère sui generis des élections du 21 mai 2000 résidait dans le fait que le gouvernement se crut habilité à exposer à la face du monde son profond mépris pour le vote des électeurs et le verdict des urnes . . . . la presse nationale et internationale put diffuser les images des bulletins de vote et des procès-verbaux jonchant les rues de Port-au-Prince » (ibid, p. 296).

Tel fut le contexte dans lequel Jean-Bertrand Aristide revint au pouvoir en 2000. Il allait en être chassé en 2004, avant la fin de son mandat, par les forces d'opposition liées à la population et à la communauté internationale.

CHAPITRE 17

L'année du bicentenaire de notre indépendance. L'expulsion d'Aristide (2004)

J'ai passé le début de l'année 2004 accrochée aux media de tous genres, qu'il s'agisse des journaux, de la radio, la télévision ou l'internet.

En effet ! Il se passait (encore !) des choses en Haïti.

Il ne s'agissait pas que des activités de commémmoration du bicentenaire de notre indépendance obtenue en 1804 au prix du sang des esclaves et des affranchis, mais plutôt des événements qui allaient aboutir au départ précipité et à l'exil forcé du président d'Haïti, Jean-Bertrand Aristide, et de sa famille.

Au tout début de l'année, en janvier-février 2004, des manifestations organisées par les groupes d'opposition, se succèdent et se répètent à intervalles plus rapprochés, quand la grande majorité des Haïtiens se prononce contre les actions dictatoriales et autocratiques du gouvernement d'Aristide.

Malgré les hésitations initiales de la communauté internationale, nos groupes d'opposition et la population qui les accompagne, les organisations de la société civile, arrivent finalement à obtenir son assistance pour forcer pour la deuxième fois le chef de l'Etat haïtien à s'exiler avec sa famille. Le couple présidentiel finit après maintes péripéties à être accepté en République Centre-Africaine puis en Afrique du Sud.

Aristide qui, plus tard, accusa la France et les Etats-Unis de l'avoir kidnappé et de l'avoir forcé à démissioner tandis que ces Etats maintiennent qu'il est parti sous la pression des manifestations populaires, devait quitter le pays le 28 février 2004.

CHAPITRE 18

Le Gouvernement Intérimaire: C'est la lune de miel.

Peu après, Gérard Latortue, un ex-cadre des Nations-Unies, allait devenir chef du gouvernement intérimaire. Après le départ d'Aristide ce fut une période euphorique où beaucoup de gens se mirent à espérer et à penser que cette fois – finalement – tout allait redémarrer dans le sens de la démocratie représentative et du développement économique.

Cette période de lune de miel dura bien 7 mois au cours desquels le gouvernement de Latortue obtint la promesse d'un milliard et plus de dollars US en prêts et dons des grandes instances financières internationales comme la Banque Mondiale etc . . . Et on crut que de grands travaux d'infrastructure allaient commencer créant beaucoup d'emplois.

L'avènement du gouvernement intérimaire, présidé par un ancien cadre de l'ONUDI, Gérard Latortue, signifiait, en principe, la mise en place d'une nouvelle équipe pour diriger le pays et l'élaboration de nouvelles politiques publiques plus adaptées. Il n'était donc point question pour moi de laisser tomber ma quête d'informations, ni mon désir de comprendre et d'analyser la situation haïtienne. Me voilà donc de nouveau rivée à mes organes d'information de prédilection. J'écris même une chronique des événements dont je partage les extraits suivants.

Août 2004:

Je ne suis plus branchée sur l'internet pendant de longues heures à lire et écouter les nouvelles, car la période intense, qui a précédé et suivi le départ d'Aristide, n'est plus. En Haïti, ils en sont à administrer le quotidien. Bien sûr, il se passe quand même pas mal de choses là-bas: il y a par exemple le dossier de l'insécurité et celui des militaires dits démobilisés qui continuent de faire des vagues; il y a aussi les fonds qui doivent arriver enfin pour que le Conseil Electoral puisse procéder à la mise en branle des élections qui auront lieu en 2005 en vue de réaliser la passation de pouvoir à un gouvernement légitime le 7 février 2006.

Des inondations ont lieu à Fonds-Verrettes, dans l'Ouest du pays; près d'un millier de personnes furent emportées par la boue et les eaux en crue.

On se rend peu à peu compte qu'il n'y a pas grand-chose de changé dans l'administration publique, les partisans de l'ancien régime (d'Aristide) occupant le personnel des ministères, des ambassades et des consulats. De plus, certains bidonvilles de Port-au-Prince se réclament encore de lui.

La catastrophe naturelle frappe aussi aux Gonaïves et à Port-de-Paix, inondations où 2000 personnes périssent honteusement. Nombre de maisons sont détruites et des centaines de têtes de bétail sont emportées par les eaux; la végétation est sérieusement affectée. Encore une fois, Haïti fait la une des journaux dans le monde entier surpris devant un tel état désastreux des choses mais aussi solidaire dans beaucoup de cas.

Octobre 2004:

En Haïti, en plus du contingent chinois de la République Populaire de Chine, il y a des Espagnols et des Marocains qui ont rejoint la Mission de Stabilisation de l'ONU qui attend sous peu un contingent du Sri Lanka. Il y a aussi des Jordaniens et des Népalais qui se sont rendus en Haïti.

CHAPITRE 19

Les Chimères et l'Opération Baghdad

Mais les partisans fanatiques du président déchu surnommés « chimères » n'arrêtent pas de semer la pagaille, la panique et la tourmente.

Ces fanatiques choisissent de reparaître sur la scène dans le but d'incendier, de tuer et même en coupant les têtes. C'est ce qu'ils dénomment « l'opération Bagdhad.» C'est le chaos, le bourbier lavalassien.

Que se passait-il? En fait, ce sont les partisans de l'ex-président Aristide qui, armés, déterminés, réclament « le retour à l'ordre constitutionnel », le retour du président déchu qui, disent-ils, n'avait pas terminé son mandat. En conséquence, la ville de Port-au-Prince est affectée surtout aux points chauds comme Cité Soleil et même le Centre commercial.

Novembre 2004:

Rien ne va plus en Haïti: les lavalassiens refusent d'aller aux élections comme tout le monde.

Décembre 2004:

Les chimères font la loi tandis qu'en province la sécurité est assurée par les militaires « démobilisés » qui se sont « remobilisés. » Le milliard de dollars promis à Haïti n'arrive pas parce que, dit-on, il n'y a pas en Haïti de gouvernement ou d'administration capable de gérer ces fonds importants. On parle même de protectorat et de tutelle.

CHAPITRE 20

René Préval retourne au pouvoir
(L'année 2005)

En Janvier 2005, Georges W. Bush est président pour la deuxième fois.

En Haïti même, Gérard Latortue est chef du gouvernement intérimaire et nous obtenons le soutien de plusieurs instances internationales importantes pour l'instauration de la démocratie et le développement économique de notre pays, tel celui du président Argentin, de l'Union Africaine et de l'Internationale Socialiste en plus du soutien réitéré du Conseil de Sécurité des Nations Unies.

Au mois de février, c'est encore la crise en Haïti: les bandits ont en effet facilité l'évasion de 400 prisoniers en plein cœur de la capitale et les partis politiques se demandent si dans un tel climat de désordre et d'insécurité le gouvernement intérimaire sera capable de réaliser les élections dans la paix.

En Mars 2005, c'était la journée mondiale de la francophonie avec la présence, entre autres personnalités de celle du président Sénégalais Abou Diouf. Un festival de contes et de chansons françaises a été organisé pour la circonstance. Après l'assumation du Créole comme l'une des deux langues officielles du pays, Haïti revendique son patrimoine culturel français et la Ministre de la Culture prône « la démocratisation du Français ».

Les congrès des partis politiques se multiplient car il s'agit de préparer les élections qui auront lieu dans 7 mois. On ne sait pas combien de candidats à la présidence il y aura vu la multiplicité des partis politiques.

Deux soldats de l'ONU, un Sri-lankais et un Népalais ont perdu la vie face aux anciens militaires de Petit-Goâve et du Plateau Central qui refusent toujours le désarmement et la réinsertion prônés par la MINUSTAH, la force militaire de l'ONU.

En Avril 2005, La situation n'est pas bonne en Haïti. Depuis le départ d'Aristide, on compte 400 morts dont près de 80 policiers et 4 casques bleus de l'ONU. Tout semble indiquer qu'on a laissé pourrir la situation et que les interventions n'ont pas eu lieu à temps.

Les Nations Unies insistent pour une solution à la fois militaire et qui tienne compte de la situation socio-économique désastreuse du pays comme du respect des droits de l'homme. Mais le gouvernement intérimaire de son côté semble incapable de faire face à ses responsabilités. Comment arrivera-t-on à sortir de cette impasse?

Quelqu'un a suggéré sur les ondes de la station haïtienne qu'on mette sur pied une équipe de jeunes volontaires . . . Le gouvernement quant à lui demande le renforcement de la police nationale et les Nations Unies veulent envoyer plus de policiers internationaux. Tout semble indiquer qu'on ne sait à quel saint se vouer.

Une lueur d'espoir cependant: la volonté qu'ont les Haïtiens d'aboutir à un régime démocratiquement élu. En témoignent les alliances qui se font entre les partis politiques, les congrès qui se tiennent malgré le manque de moyens financiers. Par ailleurs, les revendications sociales se multiplient.

Le groupe politique Génération 2004 vient de tenir un congrès où il y avait plusieurs milliers de participants, des délégués venus de tous les coins du pays, des sympathisants et des invités.

Rigoberta Menchu, le prix Nobel guatemaltèque et Esquivel, son homologue argentin, se sont rendus en Haïti.

Au mois de Mai 2005, les « chimères lavalas » sèment chaque jour la panique en plein cœur de Port-au-Prince et même du côté du palais présidentiel. Le mois dernier, il y a eu une centaine de kidnappings.

Les partis politiques organisent des congrès, font des alliances et des fusions, renforcent leurs bases à travers le pays. Il y a là une volonté réelle d'aller vers des élections démocratiques. Mais, c'est compter sans les Lavalas qui veulent . . . quoi au juste?

A Port-au-Prince, la situation est plus chaotique que jamais. On compte plusieurs morts et blessés dans le camp de la police et parmi la population civile. Pour barrer la route aux élections. Allons-nous vers une franche mise sous tutelle du pays au cas où les élections n'auraient pas lieu?

Sur l'internet, j'apprends que le Ministre de la Justice a démissioné. Le dossier de la justice est mal géré, dit-on. Trop de gens croupissent en prison sans avoir été référés par devant leurs juges naturels y compris l'ex-Premier ministre lavalas Yvon Neptune accusé d'avoir joué un rôle dans le massacre de la Scierie, à St Marc. Des organismes des droits humains de même que des parlementaires américains s'en émeuvent.

Les partis politiques veulent signer un accord assurant qu'ils respecteraient un « code de conduite » devant permettre que les élections soient menées à bien. Cependant, le processus d'inscription des quatre millions d'électeurs est plutôt lent. La majorité des bureaux électoraux ne sont pas en place. Il y a lieu de se demander si le gouvernement pourra accomplir son mandat qui est la réalisation de bonnes élections permettant la mise en place d'un gouvernement légitime.

Les partisans Lavalas choisissent le père Gérard Jean-Juste – actuellement en prison – comme devant être leur candidat. Des gens sont offusqués par ce qu'ils appellent une « provocation ».

Nous allons entrer dans la période de la campagne électorale qui devrait durer deux mois jusqu'aux élections présidentielles et législatives de novembre. Il y aura un premier tour bien entendu, et comme beaucoup prévoient qu'il n'y aura pas d'élu au premier tour, du fait de la multiplicité des partis politiques, on devrait entrer dans une période de négociations entre les regroupements politiques devant aboutir aux choix d'un nouveau président et d'un nouveau parlement pour Haïti. Il y aura aussi dans un deuxième temps sans doute des élections communales et locales.

Août 2005:

Les six prochains mois promettent d'être intéréssants avec la préparation des élections haïtiennes. Près de deux millions d'électeurs se sont déjà inscrits. Les activistes, « chimères » lavalas avaient promis un « bain de sang »; mais il n'aura peut-être pas lieu. On a parlé de « mercenaires sud-africains » qui auraient été envoyés en Haïti pour tout gâter . . . Je rêve que la politique arrive enfin à se normaliser et à se moderniser. Mais, quand il s'agit d'Haïti, a-t-on même le droit de rêver un peu?

Début Septembre 2005:

Une conférence politique s'est tenue à Oslo en Norvège. Elle était organisée par l'Eglise et le gouvernement norvégiens. Une excellente occasion pour que les groupes politiques et des représentants de la presse haïtienne apprennent à se connaître, à travailler ensemble et à faire des plans communs.

A date, quarante-six groupes politiques se sont inscrits en vue de participer aux élections. En plus des formations politiques, il y a deux candidats indépendants, Charles Henry Baker de la bourgeoisie industrielle et Dumarsais Siméus, un multimillionaire d'origine haïtienne habitant l'Etat du Texas aux Etats-Unis. Ce dernier pourra-t-il être admis s'il avait changé de nationalité?

CHAPITRE 21

C'est la course à la présidence !
Fin Septembre 2005

En Haïti, c'est la course à la présidence. Cinquante-quatre candidats, pas moins, sont inscrits. Les opinions divergent: certains trouvent la situation « ridicule », d'autres la trouvent « inclusive ». Quant à moi, je la qualifie de « farce ». Tous ces prétendants ont-ils des plans et des propositions valables pour ce petit pays qui a tant de problèmes à résoudre !

Sur quels critères se baseront les électeurs pour choisir leurs élus? Le populisme continuera-t-il de séduire encore une fois les habitants des bidonvilles? Le « noirisme » ou le « mulâtrisme » ont-t-ils disparu de la mentalité politique haïtienne? Les paysans se contenteront-ils de vagues promesses de réforme agraire? Enfanterons-nous de nouveau un dictateur qui ne songera qu'à se perpétuer au pouvoir? Quelle sera la pensée économique du pouvoir en place? Quels complots de coulisse se préparent afin de détourner de sa route encore une fois ces « noirs » d'Haïti qui osent penser liberté, démocratie et progrès économique?

Bref, quel sera l'avenir de notre pays?

Le premier tour des élections devant avoir lieu dans deux mois, on pourra commencer à avoir des réponses à toutes ces questions d'ici là.

Fin Septembre 2005:

Haïti domine encore une fois l'actualité avec la visite de Condoleezza Rice à Port-au-Prince et l'installation de Michaëlle Jean comme Gouverneure Générale du Canada.

La Secrétaire d'Etat américaine a demandé que les Haïtiens participent en grand nombre aux élections de novembre prochain. Elle a aussi demandé que celles-ci soient inclusives.

Le Père Jean Juste, candidat de Fanmi Lavalas, a été expulsé de l'Eglise Catholique pour activités politiques et le gouvernement sud-africain a promis de faire en sorte que le président déchu Aristide soit empêché d'interférer dans les élections haïtiennes.

Dans un article intitulé: *Tomber en Amour avec Michaëlle Jean*, la Canadian Broadcasting Corporation note que les journaux anglais ont réagi très positivement à l'investiture de celle-ci. « Le temps des deux solitudes est passé », écrit en effet le Globe and Mail; « She is the promise of what we want to be ».

Dans son discours d'investiture, Michaëlle Jean a promis de « promouvoir la solidarité parmi tous ceux qui forment le Canada d'aujourd'hui ».

Début Novembre 2005:

La Constitution haïtienne n'admettant pas ceux et celles qui avaient changé leur nationalité, ni même la double nationalité, les candidats Siméus et Mourra ont été écartés de la course présidentielle. Le Conseil Electoral Provisoire est en retard par rapport au calendrier des élections. 20,000 partisans de René Préval manifestent pour réclamer son retour à la présidence d'Haïti et des membres de la classe politique se disent indignés.

Fin Novembre 2005:

On est à la veille des fêtes de fin d'année et aussi des élections présidentielles et législatives haïtiennes fixées au 8 janvier 2006 pour le premier tour, au 15 février pour un éventuel deuxième tour, la passation de pouvoir devant se faire le 24 février.

Une entente historique vient d'être signée par les 9 formations politiques les plus importantes pour aller aux urnes de manière concertée et gouverner ensemble.

CHAPITRE 22

Préval est « populaire. »
12 décembre 2005

Le premier tour des élections c'est pour bientôt, dans moins d'un mois. Mais les incertitudes persistent et les sondages sont des plus contradictoires. Un d'entre eux donne le candidat Charles Henry Baker en tête, un autre lui donne seulement 2% des voix.

D'où vient la popularité de Préval? Il ne s'est pas adressé à la population. Pourquoi son silence? Certains disent qu'il n'aurait point de popularité en dehors des bidonvilles de Port-au-Prince. Mais si l'on en croit d'autres, tout se jouera à Port-au-Prince. D'où l'importance de Préval. De toutes façons, mieux vaut ne pas sous-estimer celui-ci. Selon certaines appréciations, Préval viendrait en première position. Pour ma part, et c'est l'avis de plus d'un, je pense que les forces démocratiques n'ont rien à gagner à se présenter en ordre dispersé.

22 décembre 2005:

Deux ans après l'entrée en scène de l'ONU pour ramener la paix dans notre pays sinon déchiré par une guerre civile du moins profondément divisé par l'effet d'une équipe – Lavalas- ayant accaparé le pouvoir à son seul bénéfice, annulant l'espoir du peuple haïtien pour un système démocratique pluraliste dans le pays, nous devons bien constater que les problèmes sont loin d'être résolus.

Il n'existe en effet pas de consensus pour la démocratie ni parmi les Haïtiens ni dans la communauté internationale. Notons tout d'abord la mise à l'écart des partis politiques même après le départ d'Aristide, le maintien des lavalassiens à des postes importants de l'administration publique, les difficultés pour pacifier les bidonvilles de la capitale.

A quelques semaines des élections, les chimères lavalas ont pris possession de Cité Soleil et de ses environs. Personne ne peut s'y aventurer sans être kidnappé. Leur main-mise s'étend même au-delà de ce bidonville jusqu'à la zone limithrophe de Drouillard d'où ils ont délogé les habitants.

CHAPITRE 23

Qui sera le président?
Janvier 2006

Il y a enfin consensus autour de l'organisation des élections le 7 février, date historique de la mise en échec de la dictature duvaliériste vieille de trente ans, versions père et fils.

Je comprends bien les valses, les hésitations et les retournements qui ont provoqué les multiples reports de ces élections. La période est en effet cruciale pour notre pays. Son « sort » en dépend. Le replâtrage de l'Etat sous le gouvernement intérimaire de Gérard Latortue n'a rien donné en dépit de ses promesses initiales.

Quel secteur prendra donc les rênes du pouvoir devant les tâches monumentales qui nous attendent? Le secteur lavalassien qui ne se démarque même pas de son passé et ne prend aucune distance par rapport au banditisme des chimères qu'il manipule ou le secteur dit démocratique qui se réclame de la constitution, de la représentativité et de l'intention de gouverner avec les oppositions?

CHAPITRE 24

René Préval est Président pour la deuxième fois.
(Février-Mars 2006)

Le 7 février 2006, les élections ont lieu. Préval obtient un peu plus de 48 pour cent des votes mais pas les 50% plus un requis pour gagner la présidence au premier tour.

Mars 2006:

Il y a eu des élections en Haiti au mois de février et ceux et celles d'entre nous qui se sont impliqués dans la lutte pour la démocratie essaient de comprendre ce que la présidence de Préval signifie pour notre pays et ses citoyens.

Ceux et celles d'entre nous qui ont engagé leurs vies dans la bataille pour l'instauration de la démocratie en Haïti et qui en savent plus sur la politique semblent être moins confiants et plus inquiets que le commun des mortels.

Comme on le sait, la façon dont les événements politiques se sont déroulés le mois dernier a été décevante pour beaucoup. J'espérais vraiment que les choses se passeraient selon la loi et sans la pression de la foule et de la rue. Pour moi, c'est un signe que nous n'avançons pas sur le chemin de la démocratie. Cela fait en effet vingt ans que nous sommes engagés par le sacrifice du sang et d'autres sacrifices dans une lutte pour faire régner la stabilité, le pluralisme et le respect de la loi et cette élection était supposée être un processus démocratique où la constitution serait respectée.

Face à mon silence combien éloquent, mon frère m'envoie un collage de sa création. Sur la page arrière est écrite la pensée suivante: « les choses étant ce qu'elles sont, on ne peut pas vouloir qu'elles soient autrement ».

Mai 2006:

La Banque Mondiale et le Fonds Monétaire International annoncent qu'Haïti a été placé sur la liste des pays habilités au soulagement de la dette dans le cadre de l'initiative intensifiée en faveur des pays pauvres très endettés.

Juillet 2006:

Haïti réintègre la Caricom.

Octobre 2006: les 3 premiers mois.

Les politiques ont fait le bilan des cent premiers jours du gouvernement Préval. Certains veulent faire la part des choses en dégageant les aspects positifs tout en soulignant les lacunes du gouvernement. D'autres se veulent plus négatifs, arguant que rien n'a été accompli durant ces cent jours. D'autres encore ont résolu la question d'une autre façon en disant tout bonnement qu'on ne pouvait faire aucun bilan réel après cent jours. « Trop court », m'a-t-on dit au téléphone.

De mon côté, j'ai fait une approche rétrospective et prospective avançant que les trois premiers mois avaient été consacrés à la recherche de financement et d'une solidarité avec Haïti tout comme à l'élaboration de politiques publiques. Le parlement semble fonctionner et les élections locales sont projetées pour décembre. De nombreuses restructurations de l'appareil gouvernemental sont en cours. L'embargo sur les armes a été levé et d'autres mesures sont prises pour assurer le renforcement de la Police Nationale. Le Parlement a voté pour la mise en place d'une force de sécurité publique devant assurer l'ordre, la discipline et la cohésion sociale de même que le respect de la loi.

Il est clair qu'il faut passer aux actes, c'est-à-dire à la mise en application des politiques publiques adaptées comme le demande le secteur privé entre autres. Rendez-vous donc dans 3 à 6 mois.

1er Septembre 2007: les six premiers mois.

René Préval est pour la deuxième fois président d'Haïti depuis les élections de février 2006 organisées dans le contexte de la présence d'une mission militaire de l'ONU et globalement d'une prise en charge du pays par la communauté internationale.

Bien que le deuxième tour des élections n'ait pas eu lieu, deuxième tour qui s'imposait du fait que Préval n'avait pas réalisé plus de cinquante pour cent des voix au premier tour- on peut dire sans conteste qu'il a été imposé par un grand pourcentage d'électeurs et dans le cadre de manifestations populaires qui ont mobilisé ceux de Port-au-Prince pour la plupart dont, en majorité, des gens venant du bidonville de Cité Soleil qui compte 300.000 habitants.

J'entends encore leurs voix à la radio scandant: « nou vote déjà ! Nou pap vote ankò ! » Je me les rappelle envahissant les chambres de l'hôtel Montana à la recherche du responsable du Conseil Electoral Provisoire, l'organisme chargé des élections.

Je me rappelle aussi Préval prenant la parole à la radio pour expliquer que son mouvement LESPWA avait gagné dès le premier tour, qu'il y avait eu fraude et qu'il en avait les preuves. Je me souviens aussi du professeur Leslie Manigat exprimant sa frustration et parlant métaphoriquement de « chiens qui retournent à leurs vomissures ». Expression condamnée vigoureusement par les partisans de LESPWA qui le dénoncèrent et le menacèrent disant qu'il traitait le peuple de chiens. On donnait Manigat pour vainqueur d'un deuxième tour pressenti grâce à une coalition des partis et regroupements du secteur démocratique.

De fait, l'électorat avait opté à un peu plus de 51% pour les autres partis politiques surtout en province, mais en ordre dispersé. Il avait voté pour ceux et celles qui l'avaient visité, s'étaient penchés sur ses besoins, lui avaient présenté des programmes de gouvernement et l'option de former un gouvernement sur la base de la constitution de 1987.

Mais Préval s'imposait. On le voyait comme seul étant capable d'imposer la paix sociale au moindre coût. Les organisations des droits de l'homme et l'ONU, des personnalités locales, s'inquiétaient en effet d'un traitement des problèmes posés par la violence dans les bidonvilles d'une façon qui ne tiendrait pas compte de la question des droits humains, car on avait pu se rendre compte de la misère crue qui y sévissait et qui expliquerait les kidnappings, les meurtres, les viols, provoquant une violence sinon révolutionnaire du moins réactive.

De plus, pensaient sans doute certains, quel problème pouvait poser le leader de LESPWA et son équipe qui avaient déjà occupé le pouvoir pendant cinq ans accomplis et dont on savait qu'il irait dans le sens du respect des desiderata de la communauté internationale?

Déjà, Préval professait le respect du Sénat et de la Chambre des Députés et prétendait vouloir gouverner avec les autres partis politiques. Il anticipait même dans ses discours les élections départementales, régionales et communales et promettait ainsi le respect du jeu et des normes démocratiques.

Ne faisait point problème un gouvernement dirigé par le leader de LESPWA quand on savait que quoiqu'étant un proche de l'ex-président Aristide, il pouvait se démarquer de lui et de ses options.

CHAPITRE 25

Préval, l'homme du moment.

La crise électorale est passée. René Préval et son regroupement politique LESPWA en sortent les grands vainqueurs.

Des élections législatives sont organisées marquées par une faible participation de l'électorat. Le parti LESPWA a plus d'élus que les autres partis (au Sénat par exemple il a douze représentants) mais n'arrive pas à avoir la majorité (18 représentants des partis politiques « d'opposition »). Il devrait donc encore une fois composer avec ceux-ci.

Préval prête serment devant le Parlement et se donne ainsi une « légitimité parlementaire ». Pour gouverner il recherche un consensus, une large entente avec les partis politiques. Il les consulte pour former son gouvernement. N'entendant pas gouverner seul, il se cherche apparemment des appuis du côté des autres secteurs politiques. C'est l'établissement d'un pouvoir que l'on croit partagé, élément essentiel de la stabilité politique.

Autre élément essentiel de la stabilité: dans les bidonvilles, c'est l'accalmie. Ce secteur de l'électorat, partisans de LESPWA, s'estimant vainqueur des joutes électorales et s'attendant à une amélioration de sa situation, rentre dans ses demeures, décidé à attendre que des politiques publiques viennent redresser les torts que deux cents ans d'exclusion sociale lui avaient causés.

Dans les bidonvilles, c'est le calme. Les kidnappings, les viols, les assassinats cessent ou presque. Tout le monde s'en réjouit. De ce point de vue, Préval est bien l'homme du moment. On convient que la vigilance est à maintenir tout en soulignant la « nette amélioration de la situation en Haïti ».

D'ailleurs durant ses cinq années au pouvoir, il avait fait des marques dans le domaine de la santé, notamment par la mise en service de médecins cubains jusque dans les endroits les plus reculés du pays; il avait construit des écoles, augmenté les recettes fiscales et fait des aménagements écologiques par la construction de places publiques et de marchés publics. Il avait aussi contribué à la réorganisation de l'usine sucrière de Darbonne et à la privatisation d'une entreprise publique, La Minoterie, en faillite. Il avait finalement contribué au relèvement des infrastructures par la construction de routes.

René Préval était bien, pour certains, l'homme du moment. Il était en effet, après avoir accompli ses cinq ans, resté dans sa ville natale de Marmelade, dans le haut Artibonite, où il avait fait des aménagements agricoles aidé par les organismes de la communauté internationale. Et, last but not least, il était l'homme qui avait voulu distribuer les terres par la réforme agraire, laquelle échoua mais ne relevait pas moins de bonnes intentions vis-à-vis de certains secteurs paysans, notamment ses partisans.

Mais des fonds sont nécessaires pour tenir les promesses électorales et apaiser les masses. Ces fonds, il fallait les trouver. Il faut aussi apaiser les inquiétudes des bailleurs de fonds et des pays donateurs. A ces fins, Préval et son équipe entreprennent des voyages à l'étranger. Il obtient des fonds et des promesses de fonds encore plus importants

Tout en allouant des fonds pour les arriérés de salaire, la formation, la création d'emplois et les paiements des anciens soldats, le Programme d'Apaisement Social vise à financer toute une série de projets au niveau des communes dans le but de répondre aux besoins urgents et à court terme.

Ces petits projets visent les objectifs suivants:

- Accroître l'accès aux services de base comprenant les projets pour procurer l'eau potable, les structures sanitaires, l'énergie électrique, les soins de santé et l'éducation.
- Accroître l'accès des secteurs les plus défavorisés de la société aux services tels que cantines communautaires; initiatives pour réintégrer les enfants des rues, l'entretien des places publiques, l'aide humanitaire et les initiatives pour impulser le niveau économique.
- Les initiatives pour impulser la production nationale qui comprennent: l'utilisation des ressources locales pour la production des biens et

procurer des services, la provision d'intrants et de crédit pour les producteurs agricoles et les artisans et, la création d'emplois. (Voir Alterpresse).

Ce Programme d'Apaisement Social tel qu'initialement conçu répondait à la nécessité de satisfaire les besoins urgents de la population dans le court terme. Il s'agissait de trouver une réponse à la pauvreté et (donc) à la violence afin d'assurer la paix sociale, condition sine qua non pour les investissements et le démarrage économique de notre pays.

Pour la mise en œuvre du Programme d'Apaisement Social, il fallait de l'argent, beaucoup d'argent. Face à la non-disponibilité de fonds, plusieurs instances internationales lancent un cri d'alarme:

« Most of the funding to support the government's PAS is supposed to come in the form of bilateral assistance, and we understand that some projects funded by Belgium, Brazil, Canada and the USA are under way. However, eight months since the government appealed for – and was promised – financial support for the program, large amounts have not still been released. Unless there is immediate action to remedy this situation, there is a real danger that the Haitian authorities will miss out an a rare opportunity to intervene and break the cycle of poverty, hopelessness and violence, and to show the excluded and marginalized sections of society that there is some point in having an elected government."[8]

Cependant, il aurait fallu que le calme soit plus qu'apparent, que le climat sécuritaire soit rétabli pour de bon. C'était la condition minimale pour le financement de projets sociaux et économiques.

Or, la violence avait repris de plus belle à la capitale même si elle avait baissé d'un cran par rapport à la période intérimaire. Le Programme d'Apaisement Social était mal parti. Si bien qu'au bout du compte, il fut qualifié « d'échec dans sa conception et son application et en termes de résultats concrets et structurels dans la lutte contre la pauvreté ».[9]

Préval s'attelle à la question sécuritaire.

Tout en proposant des « petits projets d'apaisement social », le gouvernement Préval se doit de résoudre la question de la sécurité publique. Il entreprend cette tâche par le renforcement de la police nationale et l'aide de la MINUSTAH d'un côté et de l'autre par un traitement judicieux de la question du banditisme.

Il ne s'agissait plus de « chimères » mais, selon le Président, de plusieurs groupes qu'il fallait distinguer des « organisations populaires » qui, elles, recherchent des solutions aux problèmes sociaux et politiques du pays. Sont déclarés comme étant responsables de l'insécurité: les vendeurs de drogues, les jeunes délinquants, les chefs de gangs et autres catégories de marginaux.

Des progrès significatifs sont enregistrés au niveau de la professionalisation de la Police Nationale d'Haïti, dûs à l'augmentation des effectifs de celle-ci, à l'accroîssement des moyens mis à sa disposition, à la formation des ressources humaines ainsi qu'à la prise en charge des valeurs éthiques au sein de l'organisation. Le pays compte aujourd'hui 8000 policiers issus de 18 promotions. Une 19ème promotion qui compte plus de 600 nouveaux officiers de police doit sortir bientôt; ces agents seront déployés dans la capitale pour renforcer la sécurité des rues.

Le Corps des brigades d'intervention motorisées a vu le jour. C'est une nouvelle structure de la PNH destinée à renforcer la lutte contre la criminalité ainsi que la petite et moyenne délinquence.

Les autorités haïtiennes espèrent avoir à moyen-terme un effectif de 14000 policiers nationaux aidés par les Etats-Unis et l'Unité de Police des Nations Unies. Ces forces sont engagées sur le terrain dans la lutte contre les « bandits » et marquent la volonté de maintenir la pression pour rétablir la sécurité. Une nouvelle dimension est ainsi donnée par les forces nationales et internationales dans les offensives contre les bandes armées. Les soldats onusiens multiplient leurs opérations dans les quartiers réputés fragiles pour déloger les chefs de gangs, notamment à Cité Soleil.

CHAPITRE 26

Le rétablissement de l'Etat de droit à Cité Soleil

C'est dans le cadre de ces multiples démarches visant l'apaisement social que fut entrepris le rétablissement de l'état de droit à Cité Soleil, le plus grand, le plus pauvre et le plus dangereux des bidonvilles de Port-au-Prince.

Cité Soleil. L'un des plus grands bidonvilles de l'hémisphère nord. Là 200,000 à 300.000 personnes vivent privées de tout service de base – pas de postes de police, pas d'électricité, pas de conduites d'eau, pas de boutiques, de facilités rudimentaires de santé et d'éducation, où « les habitants vivent dans un monde parallèle, coupés du reste du monde ».

On y compte plus de 32 gangs et beaucoup de chefs de gangs.

Aujourd'hui, la police nationale y est établie de même que la MINUSTAH, la mairie, les ASECS et les CASECS, instances d'administration communale.

Le 11 septembre 2007 y a lieu l'inauguration du Tribunal de Paix: « un pas franchi dans le processus de réintégration de cette communauté à la vie nationale et au monde dans son ensemble », selon un officiel américain. Et le Secrétaire Général de l'ONU, Ban Ki Moon, eut à déclarer: « Il y a six mois, les gangs faisaient la loi, terrorisant les gens ordinaires, extorquant de l'argent et détruisant des vies. Les kidnappings faisaient partie de la routine quotidienne – près de 100 par jour. Même les familles pauvres avaient peur de quitter leur foyer. Aujourd'hui, on peut constater une certaine amélioration . . . »

CHAPITRE 27

La constitution en question

Dès la première année du deuxième mandat de Préval, il fut question de modifier la constitution. Il y eut débat à savoir s'il fallait une nouvelle constitution ou si plus simplement il fallait apporter des amendements à la constitution de 1987. Pourquoi une nouvelle constitution? Que faut-il amender? Des experts, dont Claude Moïse sont chargés de se pencher sur la question.

Il est clair qu'il s'agit de remaniements profonds car s'il ne fallait que changer les articles se rapportant à la nationalité haïtienne, s'il ne fallait qu'accorder la double nationalité aux Haïtiens de la Diaspora, par exemple, il n'y aurait pas de problème.

Mais la procédure aussi est en question car selon la constitution en vigueur:

- L'amendement ne peut entrer en vigueur qu'après l'installation du prochain président élu;

- Toute consultation populaire tendant à modifier la constitution par voie de referendum est formellement interdite; et

- Aucun amendement à la constitution ne doit porter atteinte au caractère démocratique et républicain de l'Etat.

L'éditorialiste Roody Edmé commentait ainsi cette question dans les colonnes du journal Le Matin:

« *Aujourd'hui que l'Exécutif a commencé des consultations sur l'opportunité d'introduire certains changements dans la loi-mère, la question est ouverte. Peut-on amender la constitution de 1987 sans suivre les procédures d'amendement prévues à cet effet? Le jeu force-t-il à couper puisque certaines lourdeurs constitutionnelles handicappent le déploiement normal de nos institutions?*

Dans un pays de grandes méfiances, on subodore déjà d'éventuelles manœuvres de l'homme d'Etat . . . »

CHAPITRE 28

L'économie haïtienne sous Préval.

Réforme agraire. Soins de santé gratuits administrés par des médecins cubains. Construction d'écoles. Réhabilitation de l'usine sucrière de Darbonne rebaptisée « Usine Sucrière Jean-Léopold Dominique », du nom du célèbre journaliste haïtien assassiné à Port-au-Prince alors que Préval était président de la république pour la première fois.

De plus, Préval prend des mesures pour collecter plus de taxes, augmentant ainsi les ressources financières de l'Etat. Il fait des réformes monétaires au niveau de la Banque Centrale. Il privatise la Minoterie, entreprise d'état en faillite.

Préval annonce l'orientation économique de son gouvernement dans sa déclaration de politique générale où il présente son option de vouloir faciliter des conditions favorables à l'investissement en vue de « créer des richesses au bénéfice de la population ».

Augmenter la croissance, réduire la pauvreté, créer des emplois, faciliter l'investissement privé local et étranger et mobiliser l'aide internationale, créer des richesses, « briser le cercle de la pauvreté » tels sont les vœux exprimés par le gouvernement.

Préval entend ainsi poursuivre l'orientation conçue sous le gouvernement de Gérard Latortue baptisée Cadre de Coopération Intérimaire (CCI), qui a été élaboré par des experts internationaux tout en mettant l'accent sur le social (PAS, soins de santé, écoles et alphabétisation). Il envisage aussi le développement endogène à partir des ressources locales comme le tourisme et la participation de la base à l'élaboration et la discussion d'une politique économique.

L'intégration de la diaspora au développement économique d'Haïti est aussi un des aspects considérés. Celle-ci qui contribue pour plus d'un milliard de dollars US par an à l'économie haïtienne par des transferts de fonds est appelée à s'impliquer davantage par des investissements. Un « Centre de Facilitation des Investissements » est créé au Ministère du Commerce et de l'Industrie dans le but d'éliminer les barrières administratives à la création de petites et moyennes entreprises.

D'autre part, une vision globale du développement économique est élaborée dans le cadre d'une commission pour l'élaboration du *Document National Stratégique pour la Croissance et la Réduction de la Pauvreté*, une condition pour arriver à débloquer les fonds de la Banque Mondiale. Dans le cadre de l'élaboration du DNSCRP, on consulte la base, i.e., les collectivités locales.

A propos de l'orientation économique du gouvernement Préval, des experts s'expriment comme suit:

« Le pays a engagé des réformes de la gouvernance économique dont le but est de restaurer le cadre juridique, créer et renforcer les institutions publiques et réhabiliter les processus et les méthodes de gestion financière, notamment par l'établissement, l'éxecution et la préparation de rapports sur le budget national. Avec des revenus accrus et un contrôle rigoureux des dépenses, le déficit global de l'administration centrale a été réduit et la croissance du produit intérieur brut (PIB) a repris. »[10]

Mais la réalité des masses populaires est toute autre. C'est une « réalité de désespoir malgré une accalmie sécuritaire », dénonce un regroupement national paysan, le MPNKP le 24 septembre 2007: « caractérisée par une hausse du coût de la vie, une augmentation de la pression fiscale, une aggravation de la misère dans les sections communales, des difficultés pour le couches pauvres d'envoyer leurs enfants à l'école et une accélération de la dégradation de l'environnement. »[11]

Novembre 2006:

Le retour de l'insécurité.

La situation dans l'aire métropolitaine est marquée par le retour de l'insécurité. Ce n'est pas seulement la presse qui dénonce mais le gouvernement et la

MINUSTAH qui le reconnaissent. On ne plus nier les faits: cette semaine on a enregistré une dizaine de kidnappings. La cruauté aussi refait surface. En effet il s'agit surtout d'enfants, un d'entre eux ayant été retrouvé dans une localité de Cabaret, au nord de Port-au-Prince, en putréfaction, les membres inférieurs amputés.

On croyait ces temps révolus. Mais ce n'était qu'un leurre. Les problèmes étaient restés entiers: la misère, le chômage, la bidonvillisation, l'absence de programmes sociaux d'envergure . . . Tout ce cortège de maux et de malheurs qui font de notre pays l'un des plus misérables au monde. Et le gouvernement Préval demeurant un gouvernement qui ne s'attaque pas aux problèmes de fond du pays n'en n'ayant pas la vision . . . ni la volonté réelle.

Janvier 2008:

Une fois encore, c'est l'heure du bilan.

L'année 2007 est passée et l'année 2008 vient de commencer. Cela fait près de deux ans que René Préval est revenu au pouvoir. Pour Haïti comme c'est de tradition, le moment est au bilan. Toute la gent journalistique et politique ou presque en a fait un. Certains plus pessimistes comme celui du Nouvelliste qui s'intitule *L'Incapacité de nous Renouveller*, d'autres accordant un satisfecit au gouvernement comme celui du Premier Ministre Jacques Edouard Alexis qui avance que le pays a fait des progrès tant au point de vue de la sécurité que sur les plans politique et économique.

D'autres encore ont débouché sur des propositions pour l'avenir comme celui du Président Préval lui-même qui suggère, en se basant sur le succès d'une usine de production de jus d'orange à Marmelade et l'élevage de poissons dans les lacs collinaires qu'on pourrait s'orienter vers des investisements dans la production nationale.

Il ne s'agit pas d'un programme de gouvernement ni d'un plan de développement critiquent certains. Il s'agit au plus de suggestions. Mais l'économie d'un pays peut-elle reposer et se construire sur des suggestions, même venant du président de la République?

Qu'en est-il du DNSCRP le fameux document qu'on attendait en 2007 qui devait apporter des solutions globales à nos problèmes économiques à partir du développement des ressources locales et du financement par la communauté internationale? « Il n'y aura pas de miracle », a dit le Président qui nous rappelle aussi l'adage « Petit à Petit, l'oiseau fait son nid ».

Des élections, il y en aura, promet-on. Le nouveau Conseil Electoral Provisoire est en train de prendre des mesures pour celles qui devraient renouveler le tiers du Sénat. Après on pourra voir pour les élections indirectes et le Conseil Electoral Permanent qui n'a jamais vu le jour jusqu'à cette date.

En cette saison de fêtes, on ne peut s'empêcher de prendre conscience de la cherté de la vie. Une situation contre laquelle on ne peut pas grand-chose, dit le président, qui informe le public sur la hausse générale de certains prix sur le marché international (pétrole par exemple) tout en suggérant que la vie chère peut se combattre par la concurrence et la production nationale; et aussi Il reconnaît, en paroles, la nécessité d'augmenter le salaire minimum . . .

C'est aussi la saison du carnaval qui commence, consacrée cette année à l'environnement. Les Haïtiens veulent bien chanter et danser souhaitant avoir un « pays vert » tout en se contentant de l'absence de mesures et de politiques publiques en vue d'en avoir vraiment un.

Il est intéressant d'examiner comment se présente la situation par rapport aux prescrits et implications de la constitution de 1987.

Depuis 1987, année de l'adoption de la constitution par une majorité écrasante de votants, il y a eu en Haïti 4 élections présidentielles – en 1990, 1996, 2000 et 2006.

La première, en 1990, aboutit au choix de Jean-Bertrand Aristide comme président. Ce qui plongea le pays dans une voie qui, en dépit de sa base populaire, n'était pas l'incarnation des desiderata de la constitution de 1987. La « démocratie simulacre » d'Aristide fut en fait une autocratie: accaparant le pouvoir au profit de sa seule équipe, Aristide adopta la dictature de la rue comme arme.

La deuxième élection en 1995, organisée par Jean-Bertrand Aristide qui était retourné de l'exil, aboutit à René Préval, un proche d'Aristide, comme président.

Le style est différent. L'Exécutif semble engager les partis politiques représentés au parlement à participer aux affaires de l'Etat. Mais . . . coup de théâtre: Jean-Bertrand Aristide revient au pouvoir après des élections frauduleuses.

2000. La présidence revient à Jean-Bertrand Aristide. Du fait de fortes pressions, il avait dû la confier à René Préval ne pouvant avoir deux mandats consécutifs (un prescrit de la constitution). L'orientation répressive et autocrate se confirment. C'est le règne des « chimères », les partisans lavalas qui incendient entre autres les locaux des partis politiques et même les résidences de leurs leaders.

2004. Deux ans avant la fin de son mandat, des manifestations populaires forcent Jean-Bertrand Aristide à prendre à nouveau le chemin de l'exil. L'intérimat est assuré par un ex-cadre de l'ONUDI, Gérard Latortue, pour deux ans avec comme mandat: pacifier le pays, favoriser des conditions pour l'organisation d'élections crédibles, concevoir et mettre en application un plan de développement économique pour la nation (qui sera connu sous le nom de Cadre de Coopération Intérimaire).

Assité par la MINUSTAH, le gouvernement intérimaire de Gérard Latortue n'arrive pas à se défaire des « chimères » et de l'insécurité. Dans ce contexte, les élections organisées en 2006 ne pouvaient être qu'un échec pour notre démocratie émergente.

2006. Organisation d'élections par le gouvernement intérimaire assisté par l'ONU et la communauté internationale. Le populisme lavalassien, version Préval, renaît de ses cendres avec le mouvement LESPWA. On revient au style Préval: les partis les plus représentatifs sont « admis » au gouvernement mais plus tard, la coalition éclate.

René Préval II, c'est un Exécutif qui cherche sa voie, un judiciaire et un législatif faibles et, dans l'opposition, des partis politiques n'ayant pas les capacités ni les moyens de s'affirmer par la voie du débat d'idées ou de se consolider par la volonté de s'entendre les uns avec les autres en vue d'offrir des solutions globales claires et des politiques plus adaptées.

De ce fait, notre démocratie, me semble-t-il, en a pour longtemps avant de devenir une option réelle, portée par des forces réelles avec des moyens réels.

Quant à la passation de pouvoir qui selon la constitution devait se réaliser dans le pluralisme et l'alternance, on est loin de pouvoir la réaliser selon ces principes et idées démocratiques.

Entre le courant lavalassien qui veut se pérenniser et des partis politiques incapables de s'unifier et de proposer, j'hésite à avancer qu'en Haïti nous sommes sérieusement engagés dans la voie de la démocratie telle que notre constitution de 1987 l'a conçue.

CHAPITRE 29

Haïti: l'Urgence de la Faim

Six morts, deux cent blessés, des dégâts matériels importants, un
gouvernement en crise sommé de se renouveler et de redéfinir
ses politiques, notamment son orientation économique et
sa politique agricole. Ce mouvement revendicatif, forcé par
l'urgence de la faim en Haïti, ont surpris plus d'un.

La crise sociale et politique que connaît notre pays depuis le début du mois
d'avril 2008, n'était-elle pas prévisible, n'était-elle pas même annoncée?

Sur l'internet je découvre le site de la Coordination Nationale de la Sécurité
Alimentaire (cnsahaiti.org), un organisme créé en 1996 dont l'objectif est
« d'assurer l'harmonisation des interventions sur les problématiques complexes
de politique alimentaire, de renforcement de la sécurité alimentaire et de
la gestion des risques et dont la mission est d'appuyer l'Etat par la réalisation
d'un suivi régulier de la sécurité alimentaire et la mise en place de structures de
concertation incluant toutes les parties concernées.

La Coordination Nationale de la Sécurité Alimentaire considère celle-ci comme un droit universel et avance qu'elle est assurée quand toutes les personnes (idéalement) ont accès à une alimentation suffisante qui satisfait leurs besoins nutritionnels . . .

Bien avant les émeutes de la faim du mois d'avril, cet organisme lançait un cri d'alarme déclarant que l'état de la sécurité alimentaire en Haïti se dégrade depuis le dernier trimestre de 2007 . . . « Le prix des riz local et importé a augmenté considérablement, écrit le groupe . . . le gouvernement et ses partenaires extérieurs devraient aider à alléger l'impact de l'inflation en se focalisant d'abord sur les groupes les plus vulnérables. »

« Les emplois n'ayant pas augmenté et les salaires n'ayant pas été indexés à l'inflation, on peut comprendre l'inquiétude de la population et l'agitation des différentes classes sociales par rapport au phénomène de la vie chère. »

Ayant observé des signes de baisse du pouvoir d'achat notamment en milieu rural, la CNSA recommanda les interventions suivantes:

a. Au gouvernement, le démarrage rapide des programmes d'urgence dont la création de 20,000 emplois temporaires.

b. Au Ministère de l'Agriculture et la FAO la distribution d'une plus grande quantité de semences améliorées

c. Au Ministère de la Santé Publique et de la Population, l'UNICEF, le Programme Alimentaire Mondial, le renforcement des programmes alimentaires

d. Aux Organisations Non-Gouvernementales, le renforcement des programmes alimentaires

e. Aux institutions impliquées dans la sécurité alimentaire, l'élaboration d'un plan de contingence pour mieux répondre à la crise alimentaire actuelle. » (cf. Cnsahaiti.org).

L'organisme nota l'existence de poches d'insécurité alimentaire plus ou moins sévères dans tous les départements du pays et fit état que des mouvements sociaux et politiques alimentés par la cherté de la vie ont été enregistrés. D'où la recommandation que « la primature gagnerait à démarrer rapidement les programmes d'urgence destinés à réduire la cherté de la vie tels la création d'emplois temporaires, la facilitation du crédit et les interventions à caractère solidaire ».

De plus, bien avant la période carnavalesque et dès la fin de l'année 2007, les Haïtiens avaient entrepris de débattre et de dénoncer « la vie chère », l'expression consacrée pour se référer à la hausse du cout de la vie et la flambée des prix des denrées alimentaires. On commençait déjà à dénoncer la nature démissionnaire de l'Etat qui face à la situation déclarait ne pas pouvoir faire l'impossible demandant au peuple de faire preuve de patience et de compréhension. Il s'agissait bien d'un dialogue de sourds, de deux conceptions des responsabilités de l'Etat face à l'urgence de la faim.

Pour finir, l'abandon de la production agricole nationale devait laisser prévoir l'aggravation de l'état d'insécurité alimentaire que connait le pays et les mouvements de révolte de la population.

Mais on peut, si la volonté existe, encore rattraper le temps perdu. Dans ce sens, des solutions sont envisagées. Un Sommet euro-latino-américain (Union Européenne/Groupe Amérique Latine/Caraïbes) a eu lieu à Lima (Pérou) à la mi-mai où les dirigeants de 60 pays ont approuvé la tenue d'une conférence économique sur Haïti.

Cette conférence qui se tiendra en juillet prochain en Espagne vise à élaborer un programme de sécurité alimentaire et de développement rural en faveur d'Haïti.

Dans le cadre de ce Sommet, il a été aussi question d'annuler la dette extérieure des pays latino-américains et caribéens.

La Déclaration de Lima, adoptée par les 60 pays, réclame *une action continue, urgente et effective* de la communauté internationale en vue de favoriser la réhabilitation et le développement d'Haïti. Les dirigeants ont réaffirmé leur support à Haïti *dans ses efforts de faire face aux besoins urgents et à long terme en matière de sécurité alimentaire* (Radio Kiskeya).

CONCLUSION

Les Echecs Répétés de « l'Etat Fictif » Haïtien

La question se pose de savoir si nous sommes ou avons jamais été dans une transition vers la démocratie représentative en Haïti – mise à part la rédaction de la constitution de 1987 -.

Si la réponse est oui nous devons nous demander où en sommes-nous quant à l'existence de partis politiques structurés et fonctionnant selon des normes démocratiques? Où en sommes-nous quant au respect de la constitution de 1987 qui encourage la représentativité et des politiques publiques adaptées à l'intérêt général? Pourquoi nos deux présidents élus de ces vingts dernières années- Aristide et Préval- ne sont-ils pas l'émanation d'institutions démocratiques? Où est le Conseil Electoral Permanent prévu par la constitution qui devait réaliser des élections crédibles en toute indépendance?

S'il est vrai que l'onction populaire des gouvernants est la principale caractéristique d'une démocratie, il n'en reste pas moins que le vote de la majorité demeure une procédure admise universellement comme s'identifiant à l'essence même d'un régime démocratique.

A cette majorité nécessaire et essentielle correspondent des minorités politiques que tout projet de démocratie véritable se doit de prendre en compte, car elles doivent être comprises comme étant les expressions plurielles de la totalité sociale. La démocratie étant un régime pluraliste qui implique l'acceptation de la divergence d'intérêts et d'opinions . . . il n'y a plus de démocratie sans la reconnaissance de valeurs partagées qui permettent aux conflits de ne pas monter aux extrêmes de la guerre civile ou du « rache manyòk ».

Force nous est de reconnaître que la réalité concrète dans notre contexte haïtien est toute autre. Elle est plutôt marquée par une lutte acharnée, pour le contrôle du pouvoir, basée sur les intérêts particuliers, la division, l'esprit de clan, la partisanerie, et l'exclusion.

Force nous est de reconnaître aussi que les forces politiques et sociales qui ont pris le pouvoir depuis 1990 ne sont pas des forces pro-démocratie. D'Aristide à Préval le style tant soit peu change mais le fond reste le même: mépris pour les élections comme procédure de compétition pour la prise du pouvoir, utilisation de la recherche consensuelle à des fins uniquement personnelles, approche anti-institutionnelle marquée par le refus de s'organiser et rejet des organisations- partis politiques, co-optation des parlementaires et de l'instance judiciaire, recherche de la pérennité aux dépens de l'alternance par le renouvellement des institutions, absence d'une vision économique basée sur les besoins de la population, etc.

Force nous est de reconnaître aussi sinon la prédominance du moins l'ampleur de ce que nous convenons de considérer comme relevant d'une tendance anarchisante dans notre pays. Après tout, ces « rouleaux compresseurs » quand ils s'attardent dans une « politique de la rue » et refusent d'intégrer les partis politiques, partisans qu'ils sont du dictat des bidonvilles, sont-ils une bonne chose pour la démocratie représentative?

Les considérations qui précèdent nous autorisent-elles à conclure à un échec du projet démocratique en Haïti? Je veux croire que non.

Pour ma part, je considère, à la suite d'autres auteurs, la crise de l'Etat haïtien comme étant le principal obstacle à l'instauration de la démocratie dans notre pays.

D'abord, au départ des Duvalier, l'Etat fut dominé par l'institution militaire qui fut incapable de soutenir un passage à la démocratie du fait de son état de décomposition avancé, de ses pratiques de corruption et de contrebande sans oublier le traffic de la drogue. De plus, la nature fondamentalement répressive de l'armée due en partie à ses liens avec les forces duvaliéristes et les ambitions démesurées de ses dirigeants furent les causes principales de l'échec du projet démocratique.

La déliquescence de l'armée, son absence de vision et de volonté démocratique, sa nature répressive, favorisèrent le retour d'Aristide au pouvoir. Ce fut la mise en place d'un projet de « démocratie assistée » portée par les forces externes. Projet qui échoua « du fait de la ressurgence des pratiques caractérisées par le minage des institutions et la réapparition du présidentialisme autoritaire et autocratique » (voir: Sauveur Pierre-Etienne).

C'est ce régime de « démocratie assistée » qui se poursuit sous Préval, avec l'appui de la communauté internationale à des porteurs sociaux qui ne s'identifient pas au projet démocratique.

Tragiquement, nous devons constater que nous ne sommes pas en démocratie malgré les quelques libertés conquises de haute lutte et le recul relatif de l'insécurité.

Il devrait maintenant être clair pour tous que le courant lavalas, tel qu'il s'est manifesté dans la réalité des faits, n'est porteur ni d'un projet révolutionnaire ni d'un projet de démocratie représentative. Il représente plutôt un dévoiement de la voie démocratique qu'ont choisie beaucoup d'haïtiens qui ont voté pour la constitution de 1987 et qui se présentent régulièrement lors des compétitions électorales pour voter pour un candidat de leur choix dans le cadre d'élections qu'ils espèrent libres et crédibles.

NOTES

(Notes finales)

1 Déchoucage signifie détruire par les racines, démolition, pillage de maisons, d'immeubles.

2 Expression créolophone se rapportant à la foule en train de réaliser le déchoucage.

3 Pè Lebrun, Nom donné au supplice du collier réalisé en enflammant un pneu autour du cou de la victime.

4 FNCD, Front National pour le Changement et la Démocratie.

    MOP, Mouvement Ouvrier Paysan

    PNDPH, Parti National Démocrate Progressiste Haïtien

5 Twa wòch dife: Il s'agissait selon Aristide de ces trois concepts: Transparence, participation et justice.

    Se grès kochon k kwit kochon: littéralement, c'est avec la graisse du cochon qu'on cuit le cochon. Slogan qui signifiait le refus de recourir à une quelconque assistance internationale pour développer le pays.

    Men anpil chay pa lou, adage qui fait référence à la mobilisation des masses pour porter la « charge » du changement.

6   FMI, Fonds de Malfaiteurs hypocrites par opposition à Fonds Monétaire International.

7   Mme Trouillot sera libérée le même jour sous l'effet de la pression internationale.

8   Citation du Haiti Support Group.

9   Voir le site Alterpresse

10   Citation de la Banque Mondiale.

11   Voir le site Alterpresse.

BIBLIOGRAPHIE

Hurbon, Laënnec. Comprendre Haïti. Paris: Karthala, 1987.

Pierre-Etienne, Sauveur. L'Enigme Haitienne. Montréal: Les Presses de l'Université de Montréal. 2007